외딴 오두막

외딴 오두막

찾는 이 적고 외롭게 보이는 외딴 오두막 같은 삶,
그 속에 들어가면 잔잔한 파도가 일고 설레는 소박한 가슴이 있다.

최 정 호 수필집

도서출판 천우

수필집을 내면서

나는 50여 가구가 모인 시골 마을의 언덕 같은 산자락 밑에 제일 큰 집에서 태어났다고 한다. 철이 들면서 알게 되었지만 집 장만할 능력이 없어 남의 집에 기대어 살아온 것이다. 내가 태어나고 얼마 후 우리 집은 쓰러져 가는 외딴 오두막을 인수하여 기둥을 새로 세우고 무너진 벽을 다시 엮어 흙을 바른 초가집에 살게 되었다.

내 나이 삼십이 넘어서는 배우고 싶은 아쉬움에 신학대학 야간학부에 입학했다. 새벽 4시 전에 일어나 일하러 나가서 오후 5시쯤 들어와 세수하고 가방 들고 버스에 오르면 나도 모르게 눈이 감겼다. 공부 시간에도 쏟아지는 잠과 씨름을 하다 집에 돌아오면 열두 시 전에 잠들지 못했다. 그러니 자나 깨나 아쉬운 것이 마음 놓고 자보는 것이다. 책을 들여다볼 시간도 없이 학우들과 교제나 모임도 불가능한 외딴 오두막이었다.

시험 기간에는 복습은 고사하고 흐릿한 머리를 맑게 하려고 잠부터 자야만 했다. 그래야만 맑은 정신으로 시험지 답안을 써나갈 수 있기 때문이다. 그래도 성적은 올 B였다.

내 나이 칠십이 넘어서는 평생의 꿈이었던 그림—수채화를 다시 시작했다. 그림을 2학기 반 동안 수강하고 문예창작은 8학기째 시작할 예정이다. 어릴 때 이름난 꼬마 화가였기에 주목표가 그림이었으나 그 세월을 뛰어넘기에는 시간이 너무 짧았다. 두 마리 토끼를 잡을 수 없어 그림은 덮어두고 문예 쪽에 눈길을 두고 있다.

2000년에 뇌경색이 발병한 후 16년이 지났다. 그동안 건강을 회복하고, 생각지도 못한 시인 · 수필가로 신인상을 받고 〈세계문학상〉 본상을 수상한 데 이어 〈문학세계문학상〉 시조 부문 대상까지 받게 되었다. 그리고 시집 『노을 꽃』을 출간하고 이번에 이렇게 수필집을 펴낼 수 있는 문학의 달란트를 주신 것도 하나님의 섭리와 은혜이다.

격려하며 용기를 주시고 힘이 되어주신 덕장교회 김문년 목사님, 징검다리를 놓아주신 『수필문학』 강석호 회장님의 은혜와 정군수 교수님, 유강희 교수님의 지도가 없었으면 불가능한 일이었다. 젊었을 때 꿈을 이루고 손자의 손을 잡아 재롱 볼 나이도 지나서 친구나 만나고 흘러간 세월을 아쉬워해야 할 해 질 무렵, 문학을 시작하여 시를 짓고 수필을 쓴다.

인생에는 언젠가 누구라도 한번은 갈 수밖에 없는 두 길이 있다. 하나는 많은 사람이 편하게 갈 수 있는 탄탄대로이다. 또 다른 한 길은 협소하여 찾는 이가 적고 힘든 가시밭길이다. 그러나 이 길은 선택 받은 영혼들이 들어가는 좁은 문인 것이다.

나는 어려서부터 하나님을 한 번도 부인한 적이 없다. 외딴 오두막 같은 삶을 한평생을 살아온 셈이다. 또한 역시 외딴 오두막 같은 문학의 길을 걷고 있다. 협소한 길을 걷는 동안 주님의 십자가의 보혈에 힘입어, 마지막 종착지인 끝까지 좁은 문을 통과할 수 있도록 인도하시기를 하나님께 기도한다.

찾는 이 적고 외롭게 보이는 외딴 오두막 같은 삶, 그 속에 들어가면 잔잔한 파도가 일고 설레는 소박한 가슴이 있다.

2016년 10월

최정호

1 세례

2 한 알의 작은 씨앗

3 구름에 달 가듯이

4 불꽃같은 눈동자

5 엘리야

1
세례

대아 저수지

턱까지 차올라 숨이 차도록
배꼽 위 가슴까지 동여매었던
옷 벗어 드러낸 동아줄 자국
노숙자 되어서 코 골고 있다

바지 벗은 아랫도리 허물 벗는데
뙤약볕 젖퉁이 파리 떼 꼬이고
장마 속 장대비 목 빼고 손꼽아도
찢어발긴 구름덩이 날개만 단다

천둥번개 쨍 방귀 허풍 떨지만
반나절 못 버텨 꼬리 내리고
새털구름 조각조각 풍선을 달고
피어나는 뭉게구름 부채질 한다

가슴까지 차오를 땐 옛말이고
배꼽까지 배부른 날 봄날이었나
용꿈 꾸던 이무기 어디로 가고
개구리 미꾸라지 운동장 되는데

오락가락 새벽부터 온밤 새도록
쥐어짜 뿌리는 실안개 빗방울
푸석푸석 쌓인 낙엽 선잠 깨우고
비대증 계곡물 오줌 절인다

코피

어려서부터 이유 없는 코피가 시도 때도 없이 터져 곤란한 때가 한두 번이 아니었다.

어느 추운 겨울, 논바닥 얼음 위에서 7~8살 꼬맹이가 덩치가 큰 동네 형의 두 손을 잡아끌려고 힘을 주었다. 그 순간 앞으로 꼬꾸라지면서 얼음 위에 콧방아를 찧었다. 너무 아파서 견딜 수가 없었고 얼음 바닥에 온통 시뻘건 페인트를 쏟은 것처럼 꽃밭을 만들었다. 종이를 말아서 콧구멍을 막고 막아도 그치지 않고 코피가 쏟아졌었다.

나는 어릴 적 추위도 많이 타서 몸에 좋다는 산삼을 늘 생각했었다. 그렇다고 실물을 보거나 그림을 본 기억이 없어서 상상으로만 그려보고는 했다. 어느 날 어른들을 따라서 깊은 산에 갔었다. 알지도 못하는 산삼을 캐려고 두리번거리다 이상한 풀을 발견하고 산삼이 아닐까 생각하면서 뿌리를 씹어 보았다. 산삼은 고사하고 인삼도 못 먹어 본 꼬마가 산삼이라 할지라도 알아볼 수 없는 노릇이고 쓰디쓴 맛에 버리고 말았다.

그다음 날 세수하는데 코피가 터졌다. 지혈을 하려고 별의별 짓을 하여도 그치지 않아서 아침도 못 먹고 집 앞 못자리 논물에 피를 씻고

씻었다. 논물이 벌겋게 변해가도 그치지 않았고 지나가는 아주머니가 이래 보아라 저래 보아라 일러주건만 소용이 없었다.

▲ 나의 젊은 시절

학교도 못 가고 마루에 누워 커다란 걸레에 코를 대고 그치기만을 기다리다 피곤하여 나도 몰래 잠이 들었고, 한낮이 지난 후에야 잠에서 깨어났다. 코피는 멎었지만 걸레와 얼굴은 피범벅이 되어서 말라붙어 있었다. 어제 산에서 씹은 풀뿌리가 이름 모를 독초였는지 모를 일이었다.

논산 훈련소에서 훈련을 마치는 행사로 부동자세로 열을 맞추어 서 있는데 코피가 주르르 계속하여 흘러내리는 것이다. 조교가 빈 내무반으로 나를 옮겨 쉬게 하였고 행사는 그렇게 종료되고 말았다.

월남전에서 크게 부상을 당하여 야전병원에서 치료 중 자주 코피가 터져서 이비인후과 의사의 진료를 받았는데 콧속에 커다란 상처가 있어서 그렇다고 전기로 지져 주었다. 몇 차례 치료를 받았지만 코피는 여전히 자주 터졌다.

그런데 어느 날부터인가 단 한 번도 코피를 흘려본 기억이 없다. 어떠한 충격에도 코피가 비친 일이 없는 지가 50년이 넘었다. 마치 유리벽 같던 콧구멍 속이 소가죽이나 된 것처럼 질기고 단단하여졌나 보다. 지금까지 단 한 차례도 코피를 흘려 본 기억이 없다. 아마 나에게 성령께서 수술을 하여 주었나 보다.

진수성찬

초등학교 다닐 때의 일이다. 그 당시는 비가 자주, 많이 내렸다. 나무도 없는 민둥산이 많아서 비가 반나절만 세차게 내려도 아침에는 가볍게 건너온 냇물이 넓은 강폭을 가득 채우며 붉게 흘러서 건너갈 수가 없게 된다. 덕분에 집에 가지 못하는 나를 자기네 집으로 데려가 재우려는 학생들이 많았다.

당시 우리 반 반장은 일학년 때부터 반장이었다. 물론 공부도 잘하지만 그의 형제들 모두가 반장이었다. 그 학생 아버지가 보통 사람들보다는 생각이 앞서고 생활도 한 단계 앞서 있는 농촌의 부자였기 때문이다. 매일 학교에 나와서 살다시피 하며 선생님들과 어울려 식사나 막걸리를 들기도 하며 학교 행사도 상의하는 분이다. 그리고 자녀들을 끼고 가르치니 공부도 잘하고 임명제인 반장은 당연히 그의 형제들이 맡게 되는 것이다.

5학년 때의 일이다. 삼례 사시는 선생님이 담임교사로 배정되었다. 이런 사정을 모르는 선생님은 반장 선출을 학생 자율에 맡겼고 거의

만장일치로 내가 반장이 되었다. 선생님은 나한테 너희 집 검정콩 농사를 하느냐 하며 이것저것을 자주 물었다. 그러나 우리 집은 선생님한테 선물할 형편도 못되고 부모님은 얼굴조차도 보이지 않았다. 반면 4학년까지 반장을 맡았던 부반장의 아버지는 매일 학교에 나와서 선생님한테 식사 대접을 하고 교장 선생님과 학교 제반 문제들을 상의도 하는 것이다. 선생님은 뒤늦게 반장인 내가 부모 코빼기도 볼 수 없는 가난뱅이 학생임을 깨닫고 대접 받는 부반장의 아버지한테 미안한 생각이 들었나 보다.

하루는 선생님이 나를 부르더니 반장을 부반장한테 양보하고 네가 부반장을 하면 안 되겠냐고 물었다. 나는 기분이 상하였으나 아무 말 안했다. 다음 날도 선생님이 졸라서 나는 "그렇게 하세요, 그러나 부반장은 다른 학생을 시키세요." 라고 말했다. 선생님이 그러지 말고 부반장은 당연히 네가 하여야 한다고 거듭 권하여도 나는 끝까지 수락하지 않았다.

▲ 초등학교 졸업식에서 친구, 친구 이모와

그렇게 된 반장은 언제나 나를 자기 집으로 데리고 가려고 앞장섰다. 반장의 집에 가면 우리 집에선 구경도 못하는 놋그릇에 하얀 쌀밥, 소고기 자장이 나왔다. 우리 집에는 새까만 보리밥, 시디신 열무김치, 된장, 고추장이 전부인 것이다. 그야말로 진수성찬 수라상인 것이다. 밥이 목구멍에 넘어가는지 어쩌는지 모르지만 신경을 써 가며 조심스럽게 먹곤 하였다. 반장과 부모님 그리고 중학교 다니는 반장의 누나까지 같은 상에서 식사를 하기에 부담을 가질 수밖에 없었던 것이다.

나를 자기네 집으로 데려가려는 학생이 많아서, 그리고 체면상 하루는 다른 친구를 따라갔다. 그런데 식사를 받자마자 바로 후회했다. 우리 집 식탁과 조금도 다를 것이 없다. 나는 입이 짧아서 다른 집 반찬은 꺼리고 못 먹는 성깔이다. 그리고 반장네 밥상이 눈에 선한 것이다. 그렇게 졸업할 때까지 여름에 물난리가 나는 날은 변함없이 반장이 언제나 나를 자기네 집으로 데려갔고 진수성찬 밥상으로 호강을 시켜주었다.

휴거

우리 집은 낮은 언덕 산자락 밑에 있었고 앞쪽과 옆쪽엔 대나무가 우거져 있고 다른 한쪽으로 소나무가 야산으로 이어져 있었다. 해 질 무렵엔 꿩 떼가 소나무 가지에 붉게 웅크리고 밤을 지새우려 앉아 있곤 했다. 키 큰 소나무 밑엔 벌겋게 솔잎 가루가 수북하게 널려 있었다. 솔가루는 아궁이 땔 때 쓰면 연기도 나지 않고 불꽃도 좋으니 누구네 집이라도 선호하는 땔감이다.

어느 날 나는 솔가루를 긁어모아 집으로 가져오려고 갈퀴를 들고 소나무 밑으로 갔다. 갈퀴로 솔가루를 긁어모아서 집으로 가져와서 부엌에 놓고 마당으로 나왔다. 꼬맹이가 긁어온 솔가루야 한 줌에 불과하겠으나 나는 그렇게 솔가루를 가져온 것이다. 어머니가 보이지 않아 두리번거리며 엄마하고 부르며 찾아도 대답도 없고 보이지 않아서 아랫집 단짝 친구 정구네 집에 가 보아도 정구나 정구 어머니 그 누구도 보이지 않았다. 건너편 앞집 고모네 집에 가 보아도 역시 아무도 없었다. 친고모는 아니지만 한동네 살아서 가깝게 지내는 사이다. 나보다 한 살 위인 점옥이 고모를 깍듯이 고모라 부르며 좋아하였고 고모네 집에 가서 살다시피 하며 잠자고 올 때도 허다했다.

동네에 사람이 보이지 않고 너무도 조용하여 불현듯 혹시 내가 없는 사이에 모두가 천당으로 데려간 것이나 아닐까 하는 생각이 들었다. 나는 어려서부터 세상의 심판 날을 알고 있었다. 독실한 신앙인 외할머니나 이모한테 들었거나, 친할머니 등에 업혀서 또는 손잡고 교회에 다녀서 알고 있었을까. 외할머니는 세상에선 가장 인자하시고 온화한 얼굴로 언제나 나를 아끼고 사랑하셨다. 그리고 이모는 세상에 그렇게 예쁜 얼굴이 있을까 할 정도로 천사 같다고 생각하였고 내가 세상에서 제일 좋아하고 사랑하는 분이었다.

두 분 덕에 언젠가는 하나님의 심판이 있고 사람은 하늘나라에 올라간다고 알고 있었던 것 같았다. 나는 생각하기를 나만 빼놓고 모두가 하늘나라에 데려갔다면 나 혼자서 어떻게 하나? 그러면 엄마 아빠도 형들도 고모도 없이 혼자서 무슨 재미로 살아야 하나, 심심해서 어찌하나 하고 한나절을 혼자서 고민했었다.

지금 와서 떠올리면 그때는 명절인 것 같았고 아랫동네에 무슨 구경거리가 있어서 다들 그곳에 몰려갔던 것 같다. 엄마는 대여섯 살 된 아들이 바로 옆 산자락에 갈퀴 들고 간 것을 신경도 쓰지 않았나 보다. 그 일로 유년 시절에 나 홀로 하나님의 심판 날을 경험한 셈이 되었다.

종치기

나는 봄부터 여름, 가을, 겨울 가리지 않고 꼭두새벽에 나 홀로 찬송가를 부르면서 20여 분 걸어서 만경강 고산천 확 트인 강변을 건너서 새벽 기도를 다녔다. 여름철은 큰물이 나지 않는 한 시원하게 건너다녔지만 한겨울은 여간한 용기가 아니고는 힘든 계절인 것이다. 그 시절엔 다리가 없어서 고무신을 벗어서 손에 들고 살얼음 속 냇물을 건너갔는데 자갈을 밟으면 발바닥에 쩍쩍 얼은 돌들이 달라붙었다.

강을 다 건너면 손수건이나 손으로 물기와 모래를 대충 털고 검정 고무신을 신었다. 그 시절엔 베 조각이나 손수건이 귀한 때였다. 발바닥이 시린 고통을 참으며 교회 마당에 다다르면 맨 먼저 종탑 밑으로 갔었다. 한 길이 넘게 높이 매여 있는 종 줄을 끌어 내려서 줄을 당겨 새벽종을 쳤다. 처음 시작할 땐 좀 어색했으나 매일 종을 치다 보니 리듬에 맞춰 익숙한 종치기가 된 것이다. 뎅그렁뎅그렁 소리가 마치 천당, 천당 그렇게 들리는 것 같았다.

나는 매일 이렇게 자그마한 면 소재지의 새벽을 깨웠다. 지금 같으면 새벽잠을 깨운다고, 시끄럽다고, 소음이라고 엄두도 못 낼 일이다. 그러나 그 누구도 새벽 종소리를 탓하는 사람은 없었다.

내가 이렇게 열심히 신앙생활을 하게 된 계기는 우리 형수님이 전주에서 시집와서 나에게 들려준 부흥성회 간증 때문이다.

우리 형수님 다니던 교회의 담임 목사님에게 문제가 있었다. 눈 속 검은 눈동자 한가운데 새젓 같은 종기가 돋아나서 안경 속에서 번득거렸다. 그 새젓이 어찌나 보기가 흉물스러운지 목사님 얼굴을 쳐다보기가 민망스러웠다. 그때는 전주에서 제일 큰 예수병원에서 잘라내면 다시 안 돋아나건만 병원을 자주 다닐 수 없던 형편이었나 보다. 목사님이 그런 눈으로 강단에 서고 성도들과 대면하니 체면도 아니고 은혜도 안 되었다.

그러던 어느 날, 유명한 양춘식 목사님을 모시고 부흥회를 하는데 양 목사님이 그 담임 목사 머리에 손을 얹으신 것이다. 양 목사님은 담임 목사가 얼마나 신앙생활을 시원찮게 하기에 이렇게 부끄러운 얼굴로 다니느냐 회개하라며 큰 소리로 말씀하셨다 한다. 목사님이 꼬꾸라지며 울며불며 회개하자 기적처럼 그 새젓이 뚝 떨어진 것이다. 그리고 다시는 돋아나지 않는다고 했다.

그 목사님은 형수의 삼촌쯤 되시고 우리 이모님이 그 교회 전도사님으로 시무하셔서 여러 번 그 흉물스런 모습을 보아 온 터였다. 나는 어려서부터 성경 말씀 속 모든 기사와 이적의 이야기들을 한 번도 의심을 하지 않았다. 다 받아들여 믿었기 때문에 하나님을 자연스럽게 믿고 의지하게 된 것이다. 그 이야기를 들으면서 더욱 열심히 믿음이 생겨서 신앙생활을 열정적으로 하게 되었다.

하루는 잠을 자다가 벌떡 일어나 평소처럼 교회에 가서 뎅그렁뎅그렁 종을 치고 있는데 목사님이 방문을 열면서 큰 소리로 웬 종을 치느냐 한다. “새벽종 치는데요.” 하니 “이제 열두 시밖에 안 됐어요.” 하신다. 우리 집은 물론 동네에 한두 집 외에는 시계나 라디오가 없었던 시절이라 낮에는 해를 보고 밤에는 달을 보면서 시간을 대충 짐작했었다. 나는 얼마나 부끄럽고 황당한지 쥐구멍에라도 숨고 싶은 심정이었다. 목사님은 자기 방에 들어와 잠을 자라고 권하셨다. 나는 목사님과 함께 잠을 청하였고 다시 일어나 새벽을 깨우는 종을 쳤다.

그 이후 담임 목사님은 예배 드릴 때마다 내 이야기를 하시곤 했었다.

달밤

동네 앞에는 고운 모래와 반질반질한 자갈밭이 펼쳐지는 고산천이 흐르고 있었다. 고산천 맑은 물은 어떤 곳에선 몇 길이 넘는 깊은 물이 이어지고, 건너다니는 얕은 여울목은 유리알처럼 맑은 물이 재잘거리며 흘렀다. 피라미며 송사리 떼가 물결을 헤치며 오르는 것을 한눈에도 뚜렷하게 볼 수도 있었다. 그 여울목에서 열 낚시로 피라미를 낚으려고 해 가는 줄 몰랐고, 강물을 따라 오르면서 가장자리 얕은 물에서 다슬기를 건지며 넓적한 돌들을 뒤집어 질러미와 게 등을 잡곤 했었다. 목이 갈하면 양손으로 물을 움켜 마시곤 했었으나 오염되지 않은 맑은 물이라 언제나 음료수로 사용하는 데 주저할 필요가 없었다.

강변엔 보석 같은 크고 작은 자갈들이 지천에 깔려 있었고 밀가루 같은 고운 모래가 수북수북 쌓여 있는 모래벌이 곳곳에 널려 있었다. 밀과 보리가 수북이 자라는 머리 위로 종달새가 하늘 높이 재잘거렸고 탁 트인 들판의 상쾌한 공기가 가슴 깊이 파고들었었다. 그 강변길을 따라 고산천을 건너서 교회에 다녔다. 초등학교 입학하기 전의 유소년 시절 교회에서 개설한 아브라함 클럽에 다니며 한글과 기초 산수 그리고 찬송가를 배웠다. 지금의 주일학교 전신인 셈이다. 덕분에 웬만한 찬송은 거의 다 암기했으나 그 후 여러 번 가사가 변경되어 책을 보지 않으면 가사를 알 수가 없다.

원래 하나인 교회가 어느 날 뚜렷한 명분도 없이 두 개로 갈라졌다. 중앙에서부터 시골까지 열 전염병처럼 번져나갔다. 후에 안 일이지만 합동과 통합으로 나누어졌던 것이다. 그러나 웬만한 교우들, 특히 나 같은 애송이는 관심도 없고 우리 동네 사람들은 동네서 가까운 교회로 나가자 하여 동네에서 가까이 터를 잡은 교회로 나가게 되었다. 누가 옳고 그름을 논할 처지도 못되고, 그럴만한 성경 지식도 없고 교리는 관심이 없었다.

우리 동네에서 부잣집이자 세도 있는 집안의 할머니가 있는데 때와 장소를 가릴 줄 모르는 노인이 여러 사람 앞에서 질문을 하였다. 멀쩡한 교회가 왜 갈라지느냐 목사님한테 항의 비슷하게 물었다. 목사님께서 말씀하시길 그쪽 사람들은 예수님 동정녀 탄생과 물 위로 걸으신 것 등 기사와 이적을 믿지 않고 인정하지 않으니 어찌 같이 예배를 드릴 수 있느냐고 말씀하셨다. 그래서 나도 그러한가 생각했으나 심각하게 받아들이지는 않았다. 그쪽에서 교회를 차지하는 대신 우리 쪽에선 얼마의 보상을 받고 나와서 교회를 신축하게 된 것이다. 그때는 어느 쪽이 통합이고 합동인지 알 길도 알 필요도 없었다. 하루의 농사일을 끝낸 청장년 성도들이 너도나도 모여들어 달빛을 햇빛인양 어두움을 탓하지 않고 교회를 신축하기 위하여 블록을 찍었다.

지천에 쌓여 있는 풍부한 모래, 코앞에 흐르는 강물, 시멘트만 있으면 블록을 찍을 수 있기 때문에 모든 교우들이 앞다투어 힘을 모아 블록을 찍었다. 부녀들은 건조된 블록을 머리에 두서너 장씩 이고, 남자들은 지게에 블록을 무겁게 짊어지고 날랐다. 이 모든 공사가 낮과 밤을 가리지 않고 이루어졌다. 십대 후반인 나도 힘을 합하여 공사에 참여하였다.

난생 처음 건물 지붕에 올라서 발을 엮었고, 흙을 올려서 발 위에 바르고 기와를 덮었다. 힘든 줄 모르고 신바람 난 듯 즐겁게 참여하였다. 교회가 완성되었으나 마루를 놓을 형편이 못되어 바닥에 작은 자갈을 곱게 깔고 그 위에 가마니와 멍석을 깔고 예배를 드렸다. 그 시절엔 대부분 무릎 꿇고 기도를 했는데 자갈이 무릎과 정강이를 고여도 아프거나 불편한 줄 몰랐었다. 기도를 많이 하는 사람들은 복상씨가 검게 멍들어 공이가 박혀 있었다. 고향을 떠나기 전 그렇게 성전 건축과 새벽기도에 작은 정성을 보태며 신앙생활을 했었다.

저주

내 나이 6~7세 때 일이다. 나는 지금 생각하여도 무척, 전라도 말로 대책 없이 촐랑거렸다. 얄밉게 빤질거렸던 것 같았다. 내 별명은 찌증이라고 불렸으니 말이다.

어느 날 외갓집 동네 사는 아저씨가 지게에 뻥튀기 기구를 짊어지고 우리 동네로 뻥튀기 하려고 왔었다. 나는 그 아저씨가 할머니와 이모가 사셨다는 고향 동네서 왔다 해서 무척 반가웠고 가까이 다가가 인사하며 말을 걸었다. 우리 외갓집 고향이 아저씨 동네라고 말하였다. 그러나 아저씨는 꼬맹이 따위는 안중에 없었나 보다. 반기기는커녕 귀찮아하며 퉁명스런 말로 저리 가라고 한다. 나는 기분이 확 상했지만 그래도 반가운 마음은 여전했었다.

별다른 간식거리가 없던 시절이라 뻥튀기는 대단한 인기가 있었고 어쩌다 뻥튀기 기구를 지게에 짊어지고 동네에 나타나면 온 동네는 벌집을 쑤신 듯 술렁거렸다. 그 시절은 손수레도 없었고 길다운 도로도 없어서 무겁거나 부피가 큰 물건을 나르는 수단이 지게나 소달구지 외에는 손으로 들고 다닐 수밖에 없었다. 우리 동네는 신작로와 연결되지 못하여 고립된 마을이라 소달구지는 구경도 못하고 천생 지게 외에는 무거운 짐을 운반할 것이 없었다.

온 동네 아주머니와 아가씨들이 너도나도 보리나 밀을 가지고 튀기려고 나왔다. 여름이기도 했지만 가을이나 겨울이라도 군것질하려고 쌀 가지고 뻥튀기를 하지는 않았다. 튀기는 삯은 밀이나 보리를 조금씩 받았다. 그만큼 곡식이 귀하게 대접 받는 시절이었다. 금쪽같은 쌀은 여름철에는 누구네 집이고 구경하기조차 힘들고 부잣집도 군것질하려고 쌀을 가지고 뻥 튀길 생각은 엄두도 못내는 시절이었다. 뻥 튀길 때마다 나는 손을 벌렸고 모두들 귀여운 듯 웃는 얼굴로 한 줌씩 주고 가곤 했었다. 나는 너무도 맛있고 신이 났다. 탓하거나 거절하는 사람이 없어서 기고만장하여 큰 소리로 "모두가 한 줌씩 주고 가야 됩니다." 떠들어 댔다.

그러자 뻥튀기 아저씨가 나를 쳐다보며 큰소리로 꾸중을 한다. 애새끼가 싸가지 없이 까분다며 작심하고 독기를 품어 욕을 해대는 것이었다. 얼마나 거칠게 욕을 퍼부어 대는지 철부지 꼬맹이는 도저히 참고 있을 수가 없었다. 끓어오르는 분노를 꾹꾹 누르고 있건만 계속하여 노려보면서 욕을 퍼부으니 참고 참다가 풍선이 팽창하다 못 견디고 터져 버리기 직전이었다. 끓어오르는 화를 억지로 참고 누르고 누르다 나도 모르게 저놈의 뻥튀기 터져 버려라 속으로 크게 외치는 순간!

이게 어찌된 일인가. 갑자기 뻥 대포 소리를 내면서 튀밥이 십여 미터를 하얗게 날아가고 하얀 김이 기차 화통의 연기처럼 퍼져 나갔다. 뻥 소리와 함께 벌어진 기적 같은 상황에 크게 놀라서 쾌재를 부르기

보다는 엄청난 사건에 무섭고 두려워 어쩔 줄 몰랐다.

그 두꺼운 쇳덩이가 무슨 재주로 대포알 터지듯 터지며 날아갔을까. 이해하기가 힘들었다. 그렇게 뻥튀기 뚜껑이 떨어져 날아가 버렸으나 다행히 그 앞에 아무도 없어서 누구도 다친 사람은 없었다. 그래서 그 아저씨는 뻥튀기를 중단하고 기구를 지게에 짊어지고 자기 동네로 돌아갔다. 나는 속으로 그 아저씨한테 죄를 지은 것 같아 두렵고 무서워서 그 자리를 피하였다.

사고 후 이틀인가 지나서 아저씨는 수리한 뻥튀기 기구를 짊어지고 다시 와서 뻥튀기를 시작했다. 나는 뻥튀기 옆에는 가지도 않았고 얻어먹을 생각도 안하고 큰 죄나 지은 듯 먼발치에서 맴돌았다.

나를 끔찍하게도 사랑하시는 외할머니, 이모가 사셨다고 들은 외갓집 고향 사람이라고 반갑고 좋았는데 왜 나를 그렇게 미워했을까. 이해할 수가 없었다. 어릴 때의 난 지금 생각해보아도 무척이나 촐랑거려서 밉게 봤다면 한없이 얄미웠을 것이다. 그렇다고 철없는 어린이한테 드러내 놓고 미친개 내치듯 욕을 퍼부으며 몰아붙인 것을 이해할 수가 없다. 그토록 나를 미워한 이유가 뭔지, 나 모르는 그 무엇이 있는지는 알 수 없다. 그래도 후련하기보다는 나로 인하여 손해를 끼친 것이 언제나 마음을 찜찜하게 하였다.

골리앗

나는 어릴 적부터 발육이 늦고 손발이 왜소한 편이었으나 씨름이나 싸움은 뒤지지 않았다. 마을 선배들이 그런 나한테 꼼짝 못하는 한 친구에게 나와 싸우라고 싸움을 부추겼다.

"야, 너 정호한테 지느냐. 한번 싸워 봐, 별 거 아니야." 하면서 부추기니 자기 사촌 형과 그 형의 친구들이 있어서 배짱이 생겼을까? 그 친구는 평소와는 다르게 수탉이 목깃을 세우듯 싸움 자세를 취하고 씩씩거리고 그러다가 돌멩이를 집어서 나한테 던지는 것이다. 나는 날아오는 돌을 피하고 양손에 돌멩이를 집어 들고 달려들어 그 친구의 머리를 콕콕 찍었다. 그러자 머리 두 곳에서 피가 솟아났고 그 친구는 울면서 돌아갔다. 나도 겁이 나서 자리를 피했다.

그 친구는 도회지에서 이사 왔었는데 외할아버지는 마을에서 존경받는 부잣집 어르신이다. 나이와 항렬이 높고 학문과 약재에 조예가 깊어서 장날이면 한약방에 나가서 사람들의 한약재 처방을 해 주시는 분이다. 마을 사람 모두며 인근 마을에서조차 그 어르신 앞에서면 자연히 고개를 숙이며 처신하기가 어려운 분이다.

그런 집안의 사위가 그 친구의 아버지다. 처갓집 배경도 거북하지만 그분의 외모와 성격은 물론 싸움도 시골 사람과는 비교할 수 없는 거친 분이다. 그분은 머리에 피나는 아들을 보고 나를 찾아와 무조건 그 억센 손으로 독수리가 병아리 꿰차듯 개 패듯 후려치고 제방 밑으로 집어던지고 던졌다. 마치 호랑이가 강아지를 물어서 좌우로 흔들듯 분풀이를 하였다.

나는 그렇게 맞으며 손이 발이 되도록 빌었으나 그분은 때리는 것을 그칠 줄 몰랐다. 그리고 나를 질질 끌고 어른들이 모여서 막걸리로 흥을 돋우고 있는 아버지를 부른다. 술을 마시며 기분 좋은 시간을 즐기던 아버지는 영문을 모른 채 왜 그러셔 웃으시며 다가왔고 그분은 무조건 머리로 아버지 얼굴에 헤딩을 했다. 아버지 눈 밑이 찢어져 하얗게 보이더니 금세 얼굴이 빨갛게 피범벅이 되었다. 나는 아버지한테 미안하고 무서운 생각이 들어서 그분의 손을 뿌리치고 무조건 내달렸다. 목적지도 없이 그곳이 무서워 달리고 달리다가 어느 밀밭에 털썩 주저앉았고 해가 지기까지 그대로 있다가 어둠이 짙어지자 집으로 돌아왔다.

생각해 보니 홍수의 범람을 방지하기 위하여 쌓아 놓은 제방이 제법 높은데 그분이 그 위에서 여러 차례 나를 내던졌는데도 기절하거나 죽거나 부러져 병신이 되지 않은 것이 이상한 것이다. 천사가 독수리 날개로 나를 받았는지도 모르겠다는 생각이 들었다. 그렇지 않고서야 별다른 외상이나 상처도 없이 아파서 드러눕지도 않은 것 자체가 불가사의한 일이고 기적이었다.

우리 마을 앞 만경강은 여름에 자주 홍수가 일어났었다. 강을 건너는 다리가 없어서 큰물이 나면 읍내와 교통이 두절되고 물이 줄어들어야 오가는 형편이었다.

그분은 수영을 잘하여서 여름이면 한두 사람을 물에서 구하는 것으로 이름난 사람이다. 추석 전날 아침 일찍 추석 장을 보려고 읍내에 들른 그분은 술을 먹고 즐기다 오후에 돼지고기를 사 가지고 제방에 나왔다. 낮에 내린 비로 붉은 황톳물이 강폭을 가득 메우며 흘러서 건너갈 수가 없었다. 그러나 그분은 수영에 자신이 있고 술을 먹어서 판단이 흐려져 객기를 부렸는지도 모른다. 주위의 손길을 뿌리치고 이 정도 물쯤이야 아무것도 아니라고 돼지고기를 새끼줄로 목에 걸고 옷을 벗어 한 손에 들고 물에 뛰어들었다.

발헤엄을 쳐서 넓은 강폭을 건너 마을 앞 강둑까지 도착하여 손을 뻗치는 순간 물속으로 푹 들어가더니 자취를 감추었고 조금 후 200여 미터 밑쪽에 물막이 보에서 나타나 일어서는가 싶더니 큰 물살에 휩쓸려 사라지고 말았다. 며칠 후 강물이 잦아들자 동네 사람들이 장대나 막대기를 가지고 시신이라도 건지려고 삼사십 리 물길을 내려가며 수색했으나 찾을 수는 없었다. 그렇게 무섭고 두려워 마치 골리앗 같았던 그분의 모습은 영원히 볼 수가 없게 된 것이다.

구원의 티켓

어릴 적 성경 속 노아의 홍수 이야기를 들었다. 우리 마을 앞에 만경강이 흐르는데 그때는 자주 큰비가 내렸고 강이 범람하여 강변들을 휩쓸어 동네 어귀까지 넘실댈 때가 자주 있었다. 낮은 지역에 사는 사람은 물에 갇혀서 마을 사람들이 동아줄을 틀어서 큰 나무에 묶고 물속에 잠겨 있는 집까지 연결하여 동아줄을 의지해 사람들을 구출하는 광경도 보았었다.

장맛비가 자주 내릴 때마다 앞 강물이 불어나고 넓은 강폭을 가득 메우고 붉게 흐르는데도 비는 그칠 줄 모르고 지속되는 날들이 자주 있었던 어린 시절이었다. 그렇게 물난리가 해마다 자주 일어났고 비가 그칠 줄 모르고 지루하게 몇 날이고 이어지는 장마가 계속되곤 했었다. 나는 잠자리에 들 때마다 눈을 감고 세상이 물바다를 이루어 노아의 홍수가 일어난다면 나는 어찌해야 할지 불안해하였다.

그러던 어느 날 좋은 생각이 떠올랐다. 생각하면 할수록 기분 좋은 밤이었다. 내가 할머니 손을 잡고 다니는 교회의 나이 많고 근엄하신

전도사님 생각이 난 것이다. 육십 대의 날씬한 어른이었다. 젊었을 땐 인근 마을에서 누구나 무서워하는 싸움꾼이었다는 이야기를 들은 것 같았다. 예수 믿고 변화되어 늦게 신학을 하셔서 사역자가 되셔서 담임 전도사로 교회를 맡아서 섬기신다는 것을 나중에 커서 알 수 있었다. 무게가 있으나 인자한 분이셨다.

나는 어렸기 때문에 목사님이나 전도사님과 장로님의 개념을 알 수는 없었다. 그 전도사님이 대장이고 물이 세상을 덮으면 그분만은 분명히 구름을 뚫고 하늘로 올라갈 것이라 확실히 믿었고, 그런 모습을 상상하곤 했었다. 그분이 하늘로 올라갈 때 두 다리를 힘을 다하여 움켜쥐고 있으면 전도사님과 함께 하늘로 올라갈 수 있다는 것을 생각해 낸 것이다. 시간과 공간의 개념도 분간 못할 어린 시절인 것이다. 이렇게 좋은 생각을 왜 진작 못했을까 후회하면서 너무도 기뻤다. 그 생각을 하니 안심이 되었고 나도 모르게 깊은 잠에 빠져들어 잘 수가 있었다.

장마가 지속되고 큰물을 볼 때마다 잠자리에서 늘 전도사님 생각을 하였고 그 다리를 잡으면 하늘나라 올라갈 수 있다고 믿어서 언제나 안심하고 잠을 잘 수 있었다. 아주 어릴 적 그렇게 세상의 심판의 날 아무나 구할 수 없는 세상서 가장 비싼 단 한 장의 구원의 티켓을 나 혼자 차지한 셈이다.

어린 시절이 지나고 구약을 읽으면서 하나님의 무지개의 언약을 알게 되었다. 여러 날 비가 많이 내려도 물의 심판이 없다는 믿음으로 걱정에서 벗어날 수 있었다.

세례

내가 4~5살 적 되었을 때의 고산천의 풍경이다. 앞대산 주변과 강물 따라 아래쪽으로 넓은 강변이 펼쳐지고 절벽 밑은 시퍼런 강물이 깊고 넓게 고여 있었다. 물이 얕은 아래쪽의 강물을 나보다 8살 많은 큰형님이 4살 많은 작은형님과 친구들이 어우러져 물장구를 치면서 냇물을 건너가고 있었다. 그런데 강물이 형님의 허벅지와 무릎 정도만 잠겨서 나도 무심코 물속에 들어갔다.

그런데 어찌된 일인가. 물이 목을 잠기고 넘실거리면서 목구멍으로 넘어온다. 물 밖으로 나오려고 손을 휘저으며 발을 옮기면 옮길수록 물 안쪽으로 빠져들어 가는 것이다. 급한 나머지 형님의 구원을 받으려고 쳐다보니 모두가 물을 건너서 강 건너 자갈밭으로 달려가고 있었다. 이렇게 죽는구나, 생각이 들어서 죽을힘을 다하여 물 밖으로 나오려고 발버둥 치며 어찌어찌하다 보니 물 밖으로 나와 있었다.

만경강은 해마다 홍수가 범람했다. 붉은 황톳물이 넓은 강폭을 가득 메우고 흐를 때에는 가축이나 때로는 사람조차 휩쓸려 떠내려 오

곤 했었다,

하루는 유독 낚시를 즐겨하는 큰형님이 졸라서 홍수로 범람한 앞대산으로 낚시를 갔다. 머리 위 계곡물이 떨어지는 안쪽에 큰형님 그리고 내가, 내 옆에 작은형님이 자리했다. 고기는 물리지 않고 빗줄기만 굵어져 계곡물은 점점 양이 불어나 돌멩이조차 곁들여 떨어지고 강 건너 둔치까지 물에 잠겨서 강폭 가득히 황톳물이 흐르고 있다. 재미도 없고 두려운 생각이 자꾸 들어서 내가 그만 가자고 필사적으로 서둘렀다. 하도 졸라서 큰형님이 겨우 일어나는 순간 쾅 소리를 들은 것 같았다. 정신이 들면서 생각하니 물속으로 밀려가고 있었다. 이렇게 죽는구나 생각하면서 온 힘을 다하여 벗어나려고 몸부림쳤다. 물속의 흙더미 속에서 몸뚱이가 빠져나와 물위로 머리를 내밀어보니 7~8미터나 물속으로 밀려 들어가 겨우 헤엄을 쳐서 빠져나왔다.

작은형님은 계곡에서 떨어져 있어서 산사태가 엉덩이를 덮쳐 물속으로 떠밀리다 앞쪽의 바위를 잡아 변을 면하고 보이지 않는 큰형님을 형, 형 하며 연신 부르고 있었다. 보이지 않던 큰형님은 15미터쯤 물 안쪽에서 갑자기 솟아나 헤엄쳐 나왔다. 내가 서두르지 않았으면 산사태가 덮쳐서 그 자리에서 매장되었을 것이다. 앉아 있지 않고 일어선 후 발을 옮기려는 순간 흙더미가 머리가 아니고 등 쪽을 덮쳐서 물 안으로 밀려가 살아난 것이다. 성령께서 나에게 서둘러 그 자리를 떠나가게 하셨던 것이다. 집에 돌아와 보니 등허리와 종아리가 성한 곳이 없이 상처투성이고 이삼일 동안 가래를 뱉으면 흙이 섞여 나왔다.

여름마다 둥구나무 앞 냇가에서 수영을 즐겼다. 나는 수영을 잘했다. 하루 종일 물위에 떠 있을 실력이었다. 제방 가까이는 물의 깊이가 두어 길이고 중간쯤 허리쯤 닿는 깊이고 그 다음은 깊었다. 나는 헤엄을 즐기다 중간에 서 있었다. 수영하고는 담을 쌓은 친구가 서 있는 나를 보고 얕은 줄 알고 뛰어들었다. 물이 깊은데 수영을 못하니 물속으로 들어갔다 나왔다 반복하며 허우적대며 그대로 두면 죽을 것이 분명하다. 수영선수 격인 내가 자신만만하게 헤엄쳐 갔다. 이게 어찌된 일인가 내가 다가가니 손을 뻗쳐 내 목을 움켜 감고 죽자 사자 기를 쓰고 착 달라붙는 것이다.

도저히 헤엄을 칠 수가 없어 나로선 그 친구의 포로가 되어서 운명을 같이해야 할 처지가 되었다. 내가 겨우 친구를 누르고 물 밖으로 얼굴을 내밀면 그 친구가 나를 끌어내리고 또 내가 친구를 끌어내리고 이렇게 반복하다 둘 다 지쳐서 죽을 지경에 이르렀다. 이렇게 죽는구나 생각하면서 빠져나오려고 온 힘을 다하여 친구와 사투를 벌이는데 수영 잘하는 또 다른 친구가 우리를 구하려고 헤엄쳐온다. 그 친구가 한 손을 내 목에서 떼면서 다가오는 친구를 향하여 손을 내미는 순간 내가 여유가 생겨서 그 친구와 한 손씩 나누어 잡고 헤엄쳐 나왔다.

어찌 본다면 어려서부터 물의 세례를 통하여 죽을 고비를 여러 번 맞았었다. 그때마다 하나님의 구원의 손길로 살아난 것이다.

도깨비

내 나이 10세 초반 때 일이다. 아버지가 약 800미터 떨어진 대나무숲으로 우거진 산기슭 외딴집 창수 아저씨한테 아편을 조금 얻어 오라고 하신다. 그 당시는 동네의 한두 집에서 가정 약용으로 양귀비를 길렀으나 별다른 규제를 받지도 않았고 사람들은 아편을 약용으로 편리하게 사용하였다. 해가 지기 전 늦은 오후였다. 그 댁에 도착하여 찾아온 사정을 말하니 아주머니 말씀이 아저씨가 먼 산에 나무하러 가서 곧 도착할 때가 되었으니 조금만 기다리라 한다.

아주머니는 자기는 마중 나가 보아야겠다고 하시며 집을 나섰다. 곧 어두워질 것 같아 혼자 남아 기다리기 싫어서 나도 집으로 되돌아가려고 그 집을 나섰다. 산자락을 타고 나지막한 언덕 위로 오른쪽은 우리 다랑이 논이 있었고 왼쪽 언덕 밑에 듬성듬성 두서너 채의 오두막집이 자리하고 있었다.

그 앞쪽에 제법 넓은 논들이 펼쳐지고 모래와 자갈밭의 강변이 이어지며 만경강의 맑은 물이 흐르고 있었다. 옅은 어두움이 안개처럼 내리기 직전 주변의 형질과 물체는 또렷이 보이는 일몰 직후의 시간이었다. 오른쪽 우리 논이 이어지는 곳에서 갑자기 쿵쿵쿵 요란한 발소리가 마치 수많은 군인들이 떼 지어 달려가는 듯 귀청을 때린다. 소스라치게 놀라며 발을 멈춤과 동시에 오른쪽을 살폈다. 그러나 아무것도 눈에 보이지 않고 소리마저 뚝 그친다.

바짝 졸은 내가 후들거리는 걸음으로 서너 발짝을 옮기니 이번에는 반대쪽에서 수많은 군대의 발소리가 지축을 뒤흔든다. 발걸음이 장승이 되는 순간 그 쪽으로 고개가 돌아갔고 그와 동시에 그 천지를 진동하는 소리는 뚝 그친다. 너무도 놀라 눈에 불을 켜고 이 잡듯 살펴보아도 별다른 물체는 보이지 않고 평소와 다름없이 저녁노을이 곱게 물들어 가고 있을 뿐이다.

두서너 발을 옮길 때마다 번갈아 이런 상황이 반복되었고 나는 정신이 몽롱한 상태였다. 산 밑으로 나뭇짐을 지고 돌아오던 아저씨가 나를 바라보고 소리를 지른다. "정호야 왜 그냥 돌아가니, 돌아와 가지고 가." 라며 거듭 소리쳐댄다. 나는 200미터 떨어진 곳을 쳐다보면서 너무 무섭고 떨려서 입이 벌어지지 않아 대답을 못했다. 너무 두렵고 오금이 저려서 천금을 준다고 할지라도 돌아갈 수 없었다. 400여미터 떨어진 집까지 돌아갈 생각에 눈앞이 캄캄하여 대답도 할 수 없었다. 그러기를 십여 분만에 우리 집에서 가까운 친구네 집 가까이 다가오니 신기하게도 요란한 발소리는 뚝 그치는 것이다. 내가 겪은 이런 황당한 일을 누구에도 발설하지 않고 가슴에 간직한 채 고향을 떠났다.

그 후 50년 만에 돌아와 보니 많이 변하고 개발되어 옛 모습은 큰 줄기만 눈에 뜨인다. 전화를 하려면 우체국이나 가서야 손으로 물레 저어 전화하던 시절의 이야기다. 스마트폰을 사용하는 IT 기술로 어떻게 도깨비 이야기를 설명할 수 있을지 답이 없다.

빚진 자

빚지고 살아왔고 생각이 날 때마다 미안한 동생이 있다. 둘째 여동생이다. 이 세상을 떠나간 지 오래됐지만 미안하고 안타까운 생각을 떨쳐버릴 수는 없다. 마음의 그 짐을 벗을 수가 없어 가끔씩 자책도 해보았지만 안타까운 마음은 여전하다.

그 동생에겐 자녀가 네 명이 있다. 이제는 모두가 장년이 되었고 막둥이가 삼십대의 청년이다. 그리고 매제가 살아 있다. 그 식구들을 위하여 새벽마다 하나하나 이름을 불러가며 복을 빌고 있다.

나는 오래 전부터 새벽마다 교회에 나가 새벽 기도로 하루를 시작한다. 집을 떠나 다른 곳에서 자고 오지 않고 내가 거동을 할 수 있는 한 변함이 없을 것이라고 생각을 한다. 나는 부족하고 내 삶을 책임질 수 없으므로 나의 창조주 하나님께 모든 것을 의지하고 부탁하는 것이다. 하나님께 내 삶과 자녀들과 형제와 조카들 내가 알고 있는 이웃들을 위하여 복을 빈다. 머리털 하나까지 기억하시는 하나님께 빌 수 있다는 게 얼마나 행복인지 모른다. 기도의 빚만큼은 절대로 지지 않으려 한다.

어릴 적 동생은 얼굴도 예쁘고 똑똑했다. 하기야 우리 아버님, 어머님, 이모님까지 대단한 미인이시니 당연한 것이다. 우리 형제나 자녀들이 다들 예쁘고 잘 생겼다. 부모님 은혜라고 늘 생각한다. 동생의 키는 보통이고 약간 뚱뚱한 편이었다. 지금 기준으로 생각하면 몸매는 별로였으나 예쁜 얼굴을 가지고 있었다.

그리고 목소리가 좋았다. 유행가를 무척이나 잘 부르는 것을 보고 학교에서 제대로 배웠다면 하고 마음속으로 아쉬워 해보곤 했었다. 쌀가게를 하면서 오토바이를 능숙하게 다루며 80㎏ 쌀가마니를 거뜬히 싣고 배달을 다니는 것을 보고 대단하다는 생각을 했었다.

내가 어릴 적 초등학교를 졸업하고 그 봄에 둘째 여동생을 부모님 대신 초등학교에 데리고 가서 입학식을 하고 반 배정을 받았다. 며칠이 지난 후 나이가 들어 보이는 그 반 담임이 보호자를 데려오라고 하여 부모님 대신 만나 보니 동생의 호적 때문이었다. 나이가 미달된 상태로 호적이 되어 있어서 학교에 다닐 수 없다고 한다.

그 시절엔 호적을 동네일 보는 구장한테 부탁하였다. 지금처럼 바로 출생신고를 하는 게 아니고 또 아이가 돌 전에 사망률이 높았다. 그래서 출생신고를 바로 하지 않고 나중에 하는 것이 관례로 되어 있었다. 시골의 어른들은 대부분 글을 몰라서 동네일 보는 사람에게 부탁하는 것이 당연한 것처럼 생각하고 나이나 생일은 물론 이름마저 틀리는 자녀들이 허다했다. 동네 이장의 기억으로 적어 가지고 면사무소 서기한테 제대로 전달하는 것이 관건이다. 그래서 이름이나 나이와 생일이 잘못되곤 했었다.

현실을 모르는 나이 든 선생은 여동생이 학교를 다닐 수 없다고 한다. 그러니 나오지 말라고 했다. 그 선생님 수준이 그러했다. 그래서 내가 해결할 방법이 없느냐 사정을 해봐도 방법이 없으니 나오지 말라고 딱 잘라 말하는 것이다. 꽤나 똑똑한 척 부모님과 형님을 제치고 앞장섰지만 나는 사회 경험이나 지식이 없는 어린이에 불과했다. 나는 방법을 몰라 할 수 없이 학교를 가지 말라고 말했고 동생은 내 말이 법인 양 학교를 그만두었다.

나중에 안 일이지만 그 뒤에도 출석을 몇 번 불렀다고 한다. 그런데도 그 선생님은 나오라는 말을 전해주지 않았다. 그리고 호적이 미달된 이웃 반 학생들 모두가 아무렇지 않게 졸업까지 했었다. 똑똑한 척하는 어리석은 교사의 돌출 행동이 한 학생의 일생을 망쳐 놓은 것이다. 그 선생님의 무지와 무책임한 어리석은 행동으로 내 동생은 학교도 못 다녀서 평생을 초등학교도 다니지 못한 자격지심으로 살아가야 했다. 이 모든 일이 나의 어리석은 판단으로 이렇게 된 것이라고 모두가 내 탓이라는 생각에 늘 마음 아프게 살아왔고 살아가는 것이다.

그런 동생한테 또 상처를 준 일이 있었다. 내가 젊었을 땐 집안 모든 일을 도맡아 했다. 부모님이 시골에서 가난한 재산을 정리했고 일하고 싶어도 일자리도 없는 시대였다. 여동생은 나이는 들었고 재산이나 직업이 없었다. 그래서 동생 결혼도 내가 비용을 장만하고 주선하였다. 훗날 무엇 때문인가 언쟁을 하게 되었다.

그리고 동생이 큰소리로 대들었다. 여간해서는 나에게 큰소리치는 법이 없는 착하기만 한 동생인데 시집보낸 이야기로 큰소리가 난 것이다. 그땐 동생이 슈퍼를 하는 관계로 여유가 있었다. 그 비용이 얼마나 되느냐 갚아주겠다고 큰소리가 난 것이다. 지금 생각하면 어처구니없는 언쟁이었다.

그 후 동생은 병명도 분명치 않은 질병으로 투병 생활을 하다가 먼저 떠나고 말았다. 서울대학병원에서 치료도 받았으나 허사가 되고 말았다. 아마 우리 집안 유전인 뇌혈관 질환일 거다. 그래도 위안이 되는 것은 숨을 거두는 순간까지도 입버릇처럼 예수 내 구주를 부르며 숨을 거두었다는 것이다. 새벽마다 매제와 자녀들의 이름을 부르며 기도하지만 어릴 적 동생에 대한 나의 안타까운 마음은 사라지지 않는다.

외딴 오두막

복숭아꽃은 밤비를 머금어 더 붉었다. 버들도 푸르름에 안개를 띄우고 떨어진 꽃잎들이 가는 길에 수놓았고, 꾀꼬리 우는 내 유년 농촌의 봄은 아름다움뿐이었다. 그런 어느 봄철 부락의 아낙과 처자들을 따라 나도 보따리를 짊어지고 산나물 뜯으러 높은 산을 올랐다. 산에는 하늘을 향해 밋밋하게 자란 나무들로 숲은 기품(氣稟)이 있어 보였지만 우리는 잘 자란 산나물을 뜯었다. 먹고 살기 위한 행위였다.

내가 11살 때, 우리 집은 무척 가난했었다. 1년 농사를 져 봐야 쌀은 겨울을 지나 봄이면 식량이 바닥이 나버린다. 그다음부터 빚으로 살아야 했다. 쌀을 장리로 고지 내어(쌀 한 가마는 한 가마 반) 보리가 익을 때까지 근근이 연명해 살아가야 했다. 거기다 흉년이 들면 쌀을 빚내기도 어려워 보리가 익을 때까지 산나물을 뜯어다 나물죽 또는 나물밥으로 식량에 보탰던 것이다.

부모는 남의 빚도 한두 번이지 나중에는 갚을 능력도 없어진다. 결국 이러지도 저러지도 못하고 초근목피(草根木皮)들을 캐고 벗겨서 가루를 만들어 끼니를 때워야 했다.

늦은 봄날에 허기 때문에 저녁밥 풀떼기 죽을 먹기 위해 하늘에 해만 쳐다봐야 했다. 그런데 해는 그대로였다. 아무리 해 넘어가기만을 기다려도 해는 왜 그렇게 느림보인지 주린 배는 왜 그렇게 닦달을 하는지 일각이 여삼추였다. 태산보다 넘기 어렵다는 보릿고개가 그 당시가 아닌가 싶었다.

나는 배가 고파도 음식을 많이 가렸다. 남의 음식이나 특히 간장이나 된장은 입에도 대지 않았다. 어머니는 세상에 인간이 굶어죽는다면 제일 먼저 우리 정호라고 말씀하시곤 했다.

나는 어린 나이에도 끼니를 위해 나물 캐러 나서면 빈손으로 갈 때가 많았다. 어머니가 점심밥으로 준비한 쑥버무리나 시래기범벅을 점심으로 밥보자기에 둘둘 말아 주면 챙겨가지 않고 굶고 했었다. 그 정도로 나는 그런 음식을 싫어했었다. 왜 그렇게 싫어했는지는 몰라도 아마도 내가 더 어렸을 때 그런 음식들을 자주 먹어 질렸는지도 모른다.

하루는 산나물을 캐러 나섰다. 점심밥 시간에 나무 그늘에 모여 앉아 쑥버무리나 나물밥 싸온 것들이었다. 나는 그런 음식들을 싫어 점심밥을 굶기로 했었다. 그런데 나보다 한 살 아래인 성자가 하얀 쌀밥을 싸 왔었다.

그 밥을 보는 순간 우리 집은 언제쯤에 하얀 쌀밥을 먹어보나 하며 부러워했었다. 물론 성자네는 집안 형편이 좋았고 얼굴도 예뻤다.

“정호야, 밥 안 싸왔으면 같이 먹자.”

그 말에 나도 몰래 쌀밥에 숟가락이 갔었다. 그 길로 체면과 부끄럼도 없이 대들어 먹었다. 그 맛은 정말 무엇보다 비교할 수 없는 쌀밥맛이었다. 그리고 성자네 음식들은 정갈하고 맛이 입에 착착 감겨 와서 너무 좋았다.

산 고개 아래 16 가구의 집단 부락은 하나의 동네를 이루고 있었다. 동네는 산에 둘러싸여 납작한 초가집들이 옹기종기 자리 잡고 있어 아늑했다. 부락의 이름은 '양지뜸'이라 불렸다. '양지뜸'이란 지형적으로 햇볕이 잘 든다고 하는 뜻이었다. 그런데 나는 그곳을 메마른 곳이라고 했다. 그 이유는 가난한 부락이기 때문이었다.

부락 주변에 허름한 작은 오두막집이 있었다. 그 집에 나이 30대의 나병 환자 내외가 살고 있었다. 그 부부는 부락 주민과는 왕래를 끊고 있었다.

산에 오르려면 그 오두막집을 지나야 했다. 그런데 나병 환자네와 어른들도 말 한마디나 눈인사도 없이 소 닭 보듯 하고 있었다. 물론 그 오두막집을 꺼림칙하게 여기며 입 다물고 지내고 있었기 때문이었다.

그러던 어느 봄날, 따뜻한 토방에서 햇볕을 쪼이며 허름한 옷차림의 3, 4세쯤 되어 보이는 여아가 표정 없이 쪼그려 앉아 있었다. 흔하게 볼 수 없는 예쁜 얼굴이었다. 나는 어쩌면 저렇게 고울 수 있을까 하며 감탄했다.

저렇게 예쁜 여아를 부모에게서 빨리 떼어 놓아야 나병이 옮지 않을 것으로 생각했다. 그러나 나는 11세의 어린 나이로 무엇을 어떻게 해야 할지 어떤 수단과 방법이 떠오르지 않아 답답했다.

몇 년이 흘렀다. 그동안 나는 산에 나물 캐러 가는 날이 적어졌고 그 여아를 보기 위해 오두막집을 맴돌았다. 여아가 보이지 않으면 병들었는지, 아파 누워 있을까 궁금해 하며 마음 졸였다.

애타게 궁금해 나병 어른들에게 물어 보고 싶어도 말을 꺼내지 못했다. 용기가 없어 물어보지도 못하고 혼자서 애만 태웠다.

몇 년 후 그 여아가 내 눈에 띄었다. 제법 소녀로 변해 있었다. 소녀의 얼굴을 보는 순간 반가움의 눈물이 나올 것 같아 내가 눈을 피했다.

반가움보다 민망하여 쳐다볼 수가 없었다. 나병이 옮아서 그 예쁜 모습은 찾아볼 수 없었다.

이후부터 뇌리 속에 생생히 그 소녀의 눈빛이 머릿속에 꽂혀 있었다. 소녀가 안 보이면 보고 싶었다. 그리고 보호해 주고 싶었다. 그보다 그 소녀를 보게 되면 간이 저리도록 아리고, 심장이 뜨겁게 달아올랐다.

어른들은 그토록 예쁜 소녀를 부모 곁에 떼어 놓지 않고 저 모양이 되도록 방치하였을까 하는 것이 원망스러웠다. 예쁜 소녀가 세상을 어떻게 살아가란 말인가. 나는 화나고 안타까워 견딜 수 없을 즈음에 가난으로 도회지로 이사를 해야 했다.

현재 물막이 보를 막아 양지뜸 부락이나 오두막집은 수몰 지구가 되어 사라져 버렸다. 지금까지 난 그 소녀를 잊을 수 없었다. 나병 부부와 여아도 격리 지역으로 이주해 갔으리라고 생각되었다. 그 시절은 6 · 25 한국전쟁 후유증으로 나라의 형편이나 미비한 행정력은 이들을 감당할 여력이 없었을 것이다.

지금은 저수지에서 벗어난 자투리 지역은 물 좋고 공기 맑고 그림 같은 풍경으로 변해 있었다. 빈촌에서 전원 주거지역으로 현대화된 주택들을 보면 내 마음이 편치 않다. 하루에 몇 차례 시내버스가 왕래하고 땅값이 중소도시 못지않게 올라가 있어 사람 사는 세상으로 변해 있었다. 아니 소녀도 지금쯤 할머니로 변해 있으리라고 생각된다. 그런데 내 가슴속에 외딴 오두막집의 그 소녀의 이미지가 앙금처럼 가라앉아 자리하고 있었다. 다시 한 번 그때 그 시절의 티없이 해맑은 그 소녀의 얼굴을 그려본다.

돌팔매

나는 어려서부터 돌팔매를 잘 던졌다. 친구들보다 이십여 미터 이상 더 멀리 나갔고 물 위로 물장구치면서 날아가게 하는 팔매질은 대여섯 번씩 물장구를 치면서 날아갔다. 하루는 산에서 밤송이를 따게 되었고 장대가 없어 밤송이를 향하여 팔매질을 하게 되었는데 돌을 던질 때마다 내가 생각해도 신기할 정도로 적중되었다.

던질 때마다 밤송이가 떨어지는 것을 보고 옆에 있는 아저씨가 나보고 야구 선수인가 물어 본 일도 있었다. 그렇듯 나는 기회만 있으면 돌팔매질을 하였다. 나의 고향은 만경강을 끼고 넓은 강변이 펼쳐지는 시골이라 마음 놓고 팔매질을 즐길 수 있었다.

하루는 마을 걷다가 수수목에 참새만한 알록달록 이름 모를 새 한 마리가 날랑 앉아서 자태를 뽐내고 있었다. 나는 보는 순간 돌팔매질로 맞혀서 떨어뜨리고 싶은 욕망이 솟구쳐 주위에서 작은 돌멩이를 골라 마음속으로 정조준하면서 휙 던졌다. 날아간 돌멩이는 새의 목을 정확히 맞혀서 돌과 함께 땅에 떨어졌다.

나는 쾌재를 부르고 기뻐서 어쩔 줄 몰라 기분이 방방 떴고 새를 집어 들고 내달렸다. 누가 옆에 있다면 큰소리로 외치고 싶었다. 내가 이렇게 작은 새를 한방에 돌팔매질로 맞혀서 잡았다고 자랑하고 싶었지만 그러나 박수칠 친구나 그 어떤 사람도 없었다. 그런데 손안에 그 작은 새는 예쁜 모습은 사라지고 축 늘어진 보기조차 흉물스러운 사체에 불과했다. 그 옛날 십여 세 때 돌팔매질 기억이 칠순이 넘은 이 나이에도 생각이 나는 것이다.

외톨이가 된 남아 있는 짝은 죽어버린 새를 얼마나 기다렸을까. 새끼가 있었다면 얼마나 배고파 울었을까. 나는 왜 어릴 적 그런 생각을 못 했을까. 그런 작은 새나 동물도 살아야 할 생명이라는 것을 몰랐을까. 어릴 적 그 흔하게 널려 있었던 꿩 떼를 잡으려고 콩에 약을 집어넣어 밭에 놓았었다. 죽어 있는 장끼 목을 쳐드는 순간 하늘이 분홍빛처럼 보이던 기억이 살아난다.

올무에 걸린 산토끼가 몸부림치며 주위의 소나무 가지를 모조리 망가트렸다. 그렇게 뻗어 있는 토끼 귀를 쳐들고 입이 벌어졌던 기억이 나를 씁쓸하게 한다. 오십 년대 시골에 사는 사람들은 배가 고팠고 고기를 먹을 수 있는 형편이 못 되었다. 야생의 짐승에 눈독을 들이는 것이 사람들의 문화였다.

피부로 느끼고 와 닿는 것은 배꼽 나오도록 배부르게 먹는 것이 소원이고 욕망이었다. 언제나 달그락달그락 쌀독 바닥 긁는 바가지 소리가 어린 가슴을 아리게 하였다. 고기야 설날과 추석 때나 겨우 국물만 넘실거리는 한 대접의 고깃국이 전부였다. 산과 들에 꿩이나 산토끼 같은 야생동물을 군침 넘어가는 식탁의 요리로 생각했고 냇가에 물고

기와 들오리 떼를 아름다운 풍경이라고 보는 사람은 없었을 것이다.

총기류나 포획할 수 있는 도구가 발달하지 못하고 구할 수도 없어서 산과 들에 야생 동물이 어렵지 않게 자주 눈에 뜨이던 시절이었다. 그렇게 먹을거리가 부족하여 자연 보호나 야생동물 보호해야 된다는 생각은 꿈도 못 꾸던 목구멍이 포도청이던 시절이었다.

풀뿌리로 목숨을 연명하던 시절에 야생동물을 돌아볼 여력이 어데 있으랴마는 이렇게 풍요로운 시대에 살다 보니 배부른 넋두리 같다. 요즈음도 불법으로 올무를 놓고 성능 좋은 사냥총과 그물을 설치하여 멸종 위기의 야생동물들의 씨를 말린다는 뉴스를 종종 접하게 될 땐 마음이 무겁기만 하다. 나도 어릴 적 냇가에서 낚시를 즐겨서 그 맛을 안다. 매력이 넘치고 빠져들 수밖에 없다는 것도 안다.

그렇지만 강물도 졸아들고 개체도 줄고 겨우 명맥만 유지하는 물고기들이 살아가야 하는 오염된 물웅덩이와 개천이다. 이것마저 낚으려고 고급 낚싯대를 늘어뜨리고 있는 강태공들의 모습을 볼 때마다 눈살이 찌푸려진다. 내가 사는 마을의 야산에는 그래도 가끔씩 꿩 소리를 들으며 오솔길을 걷다가 보면 다람쥐도 볼 수도 있지만 산토끼는 본 기억이 없다. 어릴 적엔 볼 수 없었던 유난히 긴 꼬리의 비둘기만 한 회색 새들이 무리지어 날아다닌다. 아마도 더운 동남아 지방에서 터전을 옮겨온 듯 주인 행세를 한다.

그래도 가끔씩 호들갑스럽게 소리치며 날아가는 장끼가 눈을 번쩍 뜨게 하고 논밭을 파헤친 멧돼지의 콧부리 횡포를 접하기도 한다. 대책 없이 뜯어 제쳐 망가뜨린 농작물은 겁 없는 고라니의 작품임을 알 수 있다. 아직은 소망이 있는 야생이구나. 반가운 마음에 발걸음이 가볍다.

혹쟁이

나보다 네댓 살쯤 더 먹은 선배가 있었다. 그를 두고 동네 사람들은 모두가 혹쟁아 이렇게 함부로 하대하여 불렀다. 그러면 혹쟁이는 예나 어로 대답했다. 본명이 있으련만 모두가 편하게 그렇게 부르는 것이다.

눈 위 눈썹 부분부터 어른 주먹보다 더 큼지막한 혹덩이가 튀어나와 얼굴의 삼분의 일 정도를 차지하고 있어 보기가 여간 흉물스러운 게 아니다. 그렇게 외모는 보기가 민망스러워도 말씨나 행동은 보통 사람과 다를 바 없는, 좀 모자란 듯하지만 평범한 사람이다.

학교나 서당을 다니지 못하고 친구도 없이 언제나 외톨이로 애경사 집의 손님상을 기웃거리건만 누구를 막론하고 제지하거나 탓하는 사람은 없었다. 그의 부모와 형제가 같은 마을에 살고 있고 모두 다른 사람과 잘 어울리는 집안이기 때문일 거다. 그의 아버지는 목소리가 크고 투전을 잘 하여 판을 벌이고 이끌어가는 분이고, 그분의 패거리에 말려들어 작은아버지는 얼마 안 되는 논을 담보로 노름을 하였다. 결국 담보를 몽땅 날리고 끼니 감당하기가 난감하였다.

혹쟁이에게 어린아이들까지 말을 놓고 하대를 하여도 본인은 물론 누구 하나 말리는 사람이 없었다. 그래도 나는 언제나 동네 형아 부르듯 말을 놓지 않았다. 그런 혹쟁이가 자기 어머니한테 나도 장가를 보내달라고 자주 졸라댄다고 했다. 혹쟁이도 나이가 들어가면서 육체가 성숙해졌고, 몸도 마음도 이성에 눈뜨게 되었던 것이다. 동네 아주머니들이 가소롭다는 듯 병신이 꼴값한다며 비아냥거리는 가십거리의 주인공이 되었다. 나도 생각하기를 어느 여자든 혹쟁이 색시가 되어줄 사람은 없을 것이라 생각했다.

하루는 학교에서 돌아오는데 냇물이 많이 불어나 함부로 건너가기엔 부담스러웠다. 아마 위쪽에서 비가 많이 내렸나 보다. 나는 수영을 잘하는 편이라 주저 없이 물의 깊이가 얕은 여울목 쪽으로 건너기 시작하였다. 여울목은 물이 깊지 않지만 물살이 세다. 물이 배꼽 위를 지나 가슴까지 찰 때면 저절로 두 다리가 지면에서 떨어지며 물살에 휩쓸려 떠내려가는 것이다.

나는 평소의 요령대로 물살에 몸을 맡기며 대각선으로 헤엄을 쳐서 가장자리로 나와서 건너왔다. 그렇게 강을 건너서 집으로 오다가 강변에서 혹쟁이를 만나게 되었다. 그는 상갓집에서 만장을 들고 참석한 후에 만장을 걸었던 대나무 장대 두서너 개를 어깨에 걸치고 강 건너 자기 집으로 돌아가던 중이었다.

"초상집 갔다가 이제 집으로 가는 거야?" 물으니 응, 하고 대답한다. "물이 많이 불어났으니 조심하여 건너가." 하고 염려해 주었다. 그렇게 말하니 "알았어. 잘 가." 하고 헤어졌다. 아무래도 혹쟁이가 물을 건너가기엔 벅찰 것 같다는 생각이 들었지만 그렇게 잡지 못하고 헤어지고 말았다.

늦은 오후에 동네가 술렁거렸다. 혹쟁이가 물에 떠내려갔다는 것이다. 헤엄을 잘하는 그의 아버지가 달려왔으나 구할 수도 찾을 수도 없었다고 한다. 분명히 장대를 가지고 둔한 움직임으로 물을 건너다 변을 당한 듯했다. 내가 건너지 말고 동네로 돌아가자고 했으면 막을 수도 있었겠지만 그러지 못하고 조심하라는 말 한마디로 헤어진 것이다. 생각하면 안타까운 순간이었다. 그렇게 동네에서 혹쟁이를 다시는 볼 수 없게 되었다.

양반

내가 열 살쯤 되었을 때 우리 마을에 자녀가 없는 부잣집에 밥 얻어먹으려고 들른 아이가 있었다. 그 부잣집 어른은 그 아이를 붙들고 너나랑 함께 살자고 하였고 그 아이는 부잣집 외아들이 되었다. 그 시절은 전쟁 때문에 고아가 많았고 밥 얻어먹으러 다니는 사람들도 눈에 자주 띄던 시절이었다. 그렇게 그 아이는 또래와 잘 어울렸고 누구 하나 따돌리지 않고 친구가 되어주었다.

우리 마을에서 십여 리쯤 떨어진 외진 산자락에 상놈이라고 부르는 가난하고 나이 든 어른이 있었다. 동네 사람들과 자주 교류가 이루어지지 않아 외톨이처럼 살아가는 것 같았다. 그리고 마을 사람들은 그를 하대하여 부르지만 젊은 사람들은 별로 말을 거는 것을 못 보았다. 어느 날 그 나이 든 어른이 장을 보고 지게에 짐을 짊어지고 외딴 곳에 있는 자기의 집으로 터벅터벅 힘들게 걸어가고 있었다. 걷어붙인 종아리의 핏줄이 굵직하게 지렁이 뭉치처럼 선명하게 뒤엉겨 튕겨져 나와서 보기가 흉했다. 지금 생각하니 하지정맥이 심한 것이었다.

그런데 그 나이 든 어른의 뒤를 졸졸 따라가면서 말을 시키는 친구가 있었다. 바로 그 부잣집 외아들이다. “어이, 자네 어데 갔다 오는 거야.” 하며 말을 건다. 내 생각엔 어린놈이 어른한테 왜 반말이냐 뺨이라도 때리지 않나 생각을 했으나 그 어른은 아무런 감정도 없이 몸에 밴 습관처럼 “예, 장에 갔다 옵니다.” “어데 가는데.” “집에 갑니다.” “짊어진 것이 무엇이냐.” 하면서 자꾸만 나이 어린 도련님이 종에게 말을 걸듯 물으면 예예 하면서 깍듯이 존댓말로 공손히 대답하는 것이다. 그 친구는 어린 자기에게 깍듯이 존대하는 것이 으쓱한지 계속하여 함부로 종놈 대하듯 하는 것이다.

그 나이든 어른은 존댓말 하는 것이 배어 있는 듯 아무런 감정도 표출하지 않고 예예 하는 것이다. 그 친구는 자기가 대단한 양반이나 되는 듯 그렇게 말을 하면서 우쭐대는 것이다. 나는 그 친구가 못마땅하여 한 대 쥐어박고 싶었으나 그러하지는 못했다. 속으로 생각하기를 그 친구의 처지나 상놈이라는 그 나이 든 사람과 비교할 때 개나 걸이련만 자기 신분을 망각하고 왜 저렇게 경거망동한가 생각하니 그 어른이 딱하였고 그 친구가 왜 그러는지 이해가 되지 않았다.

시장통에 정육점이 있었다. 정육점 주인은 백정이라고 말들을 하였다. 고객 중에 어떤 사람들은 “어이 고기 한 근 주시게.”, “여보게 고기 두 근 주소.” 혹 어떤 사람은 “○○야 좋은 부위의 고기 몇 근 떼어라.” 이렇게 나이를 떠나서 함부로 말을 하였고 정육점 주인은 무조건 예예로 공손히 손님을 맞았다. 그러나 그 속이야 얼마나 불쾌하고 분통이 터질까 나는 그렇게 생각하였다.

그런데 그 사람이 돈을 많이 긁어모아 그 지역에서 나오는 좋은 전

답은 모조리 사들였다고 한다. 그래서 지역에서 큰 부자가 되었고 가난한 양반이라는 사람들은 훗날 그 백정 앞에서 어찌 처신했을지 생각하니 답이 나오지 않았다. 그리고 시대가 변하고 돈을 벌려고 신분을 떠나 앞다투어 정육점을 개설하는 시대가 바로 찾아왔다. 큰 부자로 탈바꿈한 그 정육점 주인은 어데서인가 돈 많은 사장님의 귀한 신분으로 목에 힘을 주고, 양반이라는 빈 깡통의 실속 없는 사람들에게 군림하듯 다가왔을 것이 분명하였다.

운동화

내 나이 칠팔 세쯤 되었을 때 서울에서 큰형님이 운동화를 사 왔다. 검정 고무에 검은 천을 이어 만든 처음 보는 신식 신발 운동화라는 것이다.

그 시절은 신발이 귀한 시절이었다. 어른들은 짚으로 엮은 짚신을 신고 나무하러 산을 오르내리고 여름에는 맨발이 대부분이었고 아니면 검정 고무신을 신었으나 외출을 하려면 하얀 고무신으로 잔뜩 멋을 내고 외출을 하던 시절이었다.

만월 표 검정 고무신이 세상의 최고의 신발인 양 신고 뛰놀았는데 형님의 생각지 못한 뜻밖의 선물, 알지도 못하고 본 일도 없는 희한하고 예쁘게 생긴 운동화를 받아들고 날아갈 듯 기뻤다. 그렇게 형님은 어린 나에겐 태산 같은 존재였다. 그리고 몇 년 후에는 시골에서는 구경도 못한, 알록달록한 천으로 만든 단추가 아니고 지퍼 달린 잠바를 사다 주어서 나 외에 그렇게 멋진 옷을 입는 동무가 없어 우쭐대면서 몇 년 동안 속으로 자긍심을 가지고 입고 다녔다.

한번은 큰형님이 서울에서 내려올 때 만년필을 사다 주었다. 얼마나 예쁘고 글씨가 술술 잘 써지는지 요술방망이 같았다. 그러던 하루는 우리 집에서 한참 떨어진 용머리고개로 놀러갔다가 잃어버렸는데 그 이튿날 우리 집 앞 논길을 걸어오는데 풀섶에 내 잃어버린 만년필이 숨어 있다가 생끗 웃는 것이다.

눈에 번쩍 띄어서 집어 들었다. 나 외에는 멋있고 예쁜 만년필을 가진 친구가 없으니 분명이 내 것이 확실하였다. 그런데 왜 용머리고개에서 잃어버린 것이 집 앞 논두렁에 있으며 어떻게 수풀 속에 있는 것이 눈에 확 띄었을까 아무리 생각해도 머리만 갸우뚱해졌다.

그렇게 나보다 8살 위의 큰형님은 하늘 같고 산 같았다. 어려운 가정사정에 중학교 가겠다는 말도 꺼내지 못하고 형님한테 어느 중학교 갈 것인가 편지를 띄웠다. 답이 왔는데 도에서 뛰어난 실력을 가진 학생만 들어갈 수 있는 최고의 북중학교에 가라는 답신이 와서 방방 떴었다.

훗날 알았지만 형님은 그저 남의 가게에서 허드렛일 하는 견습공에 불과했고 용돈을 아껴서 동생한테 선물을 한 것 같았다.

발을 신 속에 넣고 끈을 졸라매고 나면 신발을 신지 않은 것처럼 가볍고 거뜬하여 달리고 싶었다. 그렇게 나는 내달렸다. 아랫집 정구네 집을 지나 살구나무 부잣집까지 몇 번을 달렸다. 발이 땅에 닿지 않고 용수철을 밟아 솟아오르는 듯 다리가 거뜬거뜬 뛰어오르는 것이다. 그렇게 한없이 온 세상을 내달리고 있었다.

꾀꼬리

내가 어릴 적 아랫마을 복숭아밭에 강 건너 교회에서 이제 막 피어나는 아가씨들이 동네 사는 순자라는 같은 교우한테 몰려와 복숭아밭 원두막 위에서 어우러져 노래를 부르며 한때를 즐기고 있었다.

세상의 새들의 울음소리는 그 어떤 소리보다 곱고도 아름답다. 그 새 중에서 제일 곱고 아름다운 소리는 꾀꼬리의 울음소리다. 어떻게 표현할 방법이 없다. 꾀꼬리 울음소리는 그 어떤 새들의 울음소리도 감히 비교되거나 흉내 낼 수 없는 아름다운 소리다. 그래서 노래를 잘하는 사람을 꾀꼬리 목소리에 비유해 꾀꼬리라고 불렀다.

그 시절엔 꾀꼬리가 자주 눈에 띄던 시절이고 꾀꼬리 울음소리도 심심치 않게 듣던 시절이었다. 꾀꼬리 울음소리를 들으면 세상에 이렇게도 곱고 아름다울 수 있을까 정신을 빼앗기고 아무리 듣고 들어도 감탄을 금치 못했다. 그런데 원두막에서 들려오는 노랫소리는 꾀꼬리 노래보다 더 곱고 달콤했다. 마치 하늘에서 울려 퍼지는 선녀들의 합창 같았다. 그 원두막이 황금덩어리가 되어 찬란한 빛이 뿜어 나오는 듯

했다. 들으면 들을수록 더 듣고 싶은 내 영혼을 뒤흔드는 천상의 노래였다.

어린 꼬마인 나는 몇 번인가 할머니 등에 업혀서 교회에 갔었으나 그런 찬송이나 성가대 찬양은 처음 접하는 것 같았다. 그래서 순자라는 처녀가 노래를 기가 막히게 잘 하는 것으로 기억하고 있었다. 그 후 내가 십대 후반부터 신앙생활을 열심히 하면서 성가대의 찬양을 접해보아도 그렇게까지 내 영혼을 감동시키지는 못했다. 아마 내가 너무 어려서 마음을 모으고 입을 모아서 부르는 찬양 소리를 처음 들어서 그토록 감동을 받았던 것인지 아니면 내 영혼이 때 묻지 않아서 찬송 소리가 내 영혼을 휘어잡았는지도 모를 일이다. 그렇게 찬양은 하나님의 영광을 위하여 부르는 우리 영혼의 노래로 하나님께 바치는 기도인 것이다.

세월이 많이 흐른 후 순자 누나의 삼십대에 같이 구역예배를 드리게 될 기회가 있었다. 나는 잔뜩 기대를 하였다. 그 순자 누나의 꾀꼬리 목소리 찬양을 생각하며 찬송을 함께 부르는데…. 이것은 아니다. 그렇게도 음치일 수 있을까 귓속이 민망할 정도였다.

어릴 적 순자 누나와 친구들의 영혼이 맑고 깨끗하였고 나도 너무 어려서 영혼이 아침이슬처럼 맑아서 서로 통했는지도 모른다. 그래서 그렇게 내 영혼을 사로잡아 감동적으로 다가왔는지 모를 일이다. 목소리가 곱고 아름다워서가 아니며 찬송하는 사람의 영혼이 맑으면 하나님의 귀에는 옥구슬 은구슬보다 더 고운 소리로 감동이 될 것이고 아무리 목소리가 곱고 아름다워도 영혼이 깨끗하지 못하면 꽹과리 소리가 울릴 것이다.

닭 서리

우리 집에서도 뜰에 닭을 풀어서 기르고 있었다. 그 속에서 유난히도 덩치가 큰 장닭 한 마리는 보통 닭의 2배쯤 되었다. 마치 성경 속의 골리앗처럼 유난히 커다랗게 눈에 띄었다. 툭 솟은 붉고 큰 벼슬 기름기 반지르르 검고 붉은 깃털 누가 보아도 대장임을 알 수 있었다.

그 수탉은 카사노바라도 되는 듯 등 넘어 오두막집 암탉까지 관리하느라 하루에도 몇 차례를 고개를 넘나든다. 그런데 이 수탉이 넘어올 땐 쿵쿵거려서 그놈이 넘어 오는 것을 소리만 들어도 알 수가 있었다. 그렇게 앞마당이 좁다 하고 뜰 너머까지 주름잡고 다녔다.

그래서 동네의 개구쟁이 사내들이 군침을 흘리고 있었나 보다. 하루 저녁은 갑자기 닭장에서 꼬꼬댁 소리가 나서 방문을 열어 젖히며 누구야 소리를 지르고 어머니와 형님들이 뛰쳐나갔다.

2~3명의 사내들이 닭을 움켜쥐고 어둠 속에 달아나는 희미한 모습을 끝으로 그 수탉은 눈앞에서 사라지고 만 것이다. 닭 서리를 당한 것이다. 먹을 것이 부족했던 그 시절엔 주인 몰래 남의 농작물이나 소나

돼지를 제외한 가축을 여러 명이 어우러져 재미 삼아서 훔쳐다 먹는 것은 죄로 여기지 않았다.

그렇게 닭 서리, 수박 서리, 참외 서리, 복숭아 서리가 심심치 않게 일어났었다. 하루는 아가씨들이 나보고 땅콩 서리를 가는데 같이 가자고 나를 끌어들여서 함께 어울렸다. 그런데 우리 땅콩 밭 옆집 땅콩을 인정사정없이 마구 뽑아 젖히는 것이다.

나는 마치 내 가슴을 날카로운 칼로 도려내는 것 같아 땅콩을 무자비하게 뽑아 젖히는 아가씨들을 말리며 우리 밭으로 이끌어가서 우리 땅콩을 뽑으라고 했다. 처음은 어리둥절하는 것 같더니 역시나 망설이지 않고 용감하게 뽑아 젖히는 것이다. 그래도 옆집 땅콩을 뽑는 것보다는 마음이 편했다.

서리꾼들이 우리 밭인 것을 알기에 마구잡이로 훼손시키지는 않았어도 족하게 뽑아가지고 와 삶아서 입안에서 홀대할 때까지 먹을 수 있었다. 한번은 남자 친구들이 감자 서리를 가자고 하여 같이 어울렸다. 역시 모르는 밭에서 마구잡이로 뽑아 젖혀서 너무나 아깝다는 생각이 들어서 뽑지 말라고 말려도 듣지를 않고 바구니들을 가득 채워서 돌아와 삶아서 삥 둘러앉아 허겁지겁 껍질을 벗겨가며 먹었으나 나는 마음이 편하지 않아 흥미를 잃어서 무슨 맛인지 맛도 모르겠고 먹는 둥 마는 둥 하고 말았다. 그 후로는 이런 나를 끌어들이지 않았지만 나도 달갑지 않아서 그런 모임에서 아예 빠지고 말았다.

혼자서 훔치면 도적질이지만 여럿이 어울려 팔아먹지 않고 배를 채우면 용서가 되는 도적질로, 주인은 가슴이 아려도 크게 탓하지 않는 서리라는 문화였다.

지게 지고 춤추다

시골에서 태어나면 지게와는 뗄 수 없는 생활이고 문화였다. 나는 형님이 두 분이 계셔서 지게에 얽매이지 않아도 되지만 자의 반 타의 반으로 지게를 짊어졌다. 산에서 나무할 때 싸리나무와 널려 있는 어린 잡목과 곁가지를 베어 두어 한 아름씩 칡 넝쿨로 힘을 주어 묶어서 그 뭉치를 3~4개를 쌓아 젖 먹던 힘까지 다하여 새끼줄로 묶으면 언제나 옆으로 삐져나올 것만 같았다. 다른 친구들의 나뭇짐을 보면 두부모 같이 간결하고 튼튼하건만 내 나뭇짐은 언제나 엉성하고 옆으로 삐져나와서 무너질 것 같았다. 그리고 넘어지거나 무너질 때가 한두 번이 아니었다. 그렇게 체력을 사용하여 나무를 하거나 짊어지는 것은 언제나 한 수 아래였지만 싸움이나 씨름은 누구한테 져 본 일이 별로 없었다.

18세 되는 정월에 전주로 이사를 가게 되었는데 정미소에서 90㎏ 쌀가마를 내 건너 소재지로 지게로 짊어져 날라야 했다. 나는 걱정이 태산 같았다. 나보고도 짊어지라고 할 것이 확실한데 한 번도 쌀가마를 짊어진 기억이 없고 자신이 없기 때문이다. 그래서 방에서 나가지 않고 있는데 큰형님이 방앗간에서 나를 부르기 시작하는데 동네가 떠나가건만 멈추지 않고 목소리가 점점 커지며 험악해지는 것이다. 할 수 없이 대답하고 도살장으로 끌려가는 소 모양처럼 풀이 죽어 나갔다. 쌀가마를 지게 위에 얹고 온 힘을 다하여 무릎과 허리에 그리고 작대기에 힘을 주어 일어서니 걱정보다 쉽게 일어났다. 걸음을 떼니 걸어갈 만 하였다. 동네 어른들이 정호도 어른 다 되었구나 말을 건네는 것이다. 그렇게 태어나 18년 만에 90㎏ 쌀 한가마를 짊어져 본 것이다.

내가 14~15세 때 동네 친구들과 작은 재 너머 큰 재로 큼직한 숯 망을 지게로 짊어져 날라다 주고 얼마의 삯을 받으려고 친구들과 어우러져 새벽 5시경 길을 떠났다. 아마 9시쯤 깊은 산속 숯가마에 도착하여 갈대와 싸리나무 가지를 합쳐 엮어 만든 큰 망에 담은 20㎏ 쯤 되는 숯 한 망을 난생 처음 짊어지니 거뜬하였다. 친구들과 어우러져 한 시간 쯤 오다보니 무거워지기 시작하고 친구들은 멀어지기 시작하건만 지게를 받치고 쉬는 빈도가 많아지기 시작하여 점점 친구들과 멀어지고 어디쯤 가고 있는지 알 수도 없게 되었다.

두어 시간이 지나서부터는 다리가 후들거리기 시작해 걷잡을 수 없었고 양다리가 사시나무 떨듯 춤추다 중심을 잡지 못하고 어김없이 짊어진 숯뭉치를 내패듯 옆으로 뿌려지는 것이다. 그러면 지게와 숯 뭉치를 다시 세워 짊어져야 하기에 땀을 뻘뻘 흘리며 기진맥진한 상태로 거북이걸음으로 친구들과 점점 더 멀리 떨어져 두어 시간 뒤처진 것이다. 우리 집에서 3㎞쯤 떨어진 할미고개까지 2㎞쯤 못미친 곳에서 단짝 친구가 내가 뒤처진 것이 마음에 걸려서 친구들과 어울려 가지 않고 기다리고 있었다. 친구를 보니 눈물이 나올 것 같았다. 그 친구는 나이는 두 살 아래지만 덩치와 힘은 나와는 비교할 수 없이 월등했다. 내가 넘어지면 지게를 세우고 숯을 옮겨 주어서 여간 수월한 것이 아니다. 그렇게 그 친구는 일부러 기다려 주었고 내 뒤에서 나와 천천히 발을 맞추며 동행하여 주는 것이었다.

할미고개 중간을 내려오는데 내 이름을 부르는 소리가 나를 반겨주었다. 어머니가 먼 산에 간 아들이 날이 어두워지는데 오지 않아서 동네 큰형뻘이 되는 청년을 마중 보낸 것이다. 아마 6시쯤 되는 때였다. 그렇게 온종일 유격훈련을 받은 꼴이 되었다. 단짝 친구는 마중 나온 형님과 발을 맞추고 거뜬하게 집으로 돌아오는 것이다. 그만큼 나를 위하여 발걸음을 늦추며 동행을 하여 준 것이고 숯 주인은 내가 수없이 넘어지며 숯가루가 된 숯 망을 받고 원래는 내가 숯 값을 물어내어야 하지만 어린 내가 고생한 것이 딱하여 삯을 준다고 하였다.

촌놈

십대 중반 추석 때 또래의 친구들 십여 명이 마을에서 삼사십 리 떨어진 대아리 저수지로 놀러갔다가 돌아올 때 일어난 이야기다. 그 시절은 무조건 걸어서 오갈 수밖에 없는 시절이었다.

삼기마을을 지나 고산 소재지 제법 넓은 길을 몰려오는데 또래의 아이들이 하나 둘 모이기 시작하더니 명절이라 금세 삼십여 명으로 불어나고 숫자를 믿고 우리들을 압박해 오는 것이다.

동네 친구들은 무조건 뛰기 시작했고 나와 한 친구만이 주먹을 쥐고 커버하며 싸울 자세를 취하니 감히 앞장서 달려드는 자는 없었다. 내 친구는 어려서부터 누구한테나 밀리는 법을 모르는 덩치도 좋지만 힘이 대단하고 수평 후리기를 한번에 300번씩, 여러 번 하는 친구로 훗날 이 고장을 주름잡는 어깨로 전국체전을 석권하는 레슬링 선수가 되었다. 나는 뛰어난 싸움꾼도 못되고 남달리 힘이 센 편도 못되었으나 그 삼십여 명의 떼거리가 전혀 겁나지 않고 별 볼일 없는 촌놈들이라 생각이 들었다. 사실 우리 마을도 시골로 나 또한 촌놈인 것이다. 그러나 우리 마을은 도회지 전주가 사십 리 떨어졌지만 고산은 육십 리쯤 떨어져 있어서 나는 언제나 고산이 더 촌놈들이라는 생각을 했었다.

그런 우월감 때문에 그랬을까, 내가 떨지 않고 가소롭게 생각하며 한 발짝 나가며 주먹을 휘두르면 저들은 두서너 발짝을 물러서니 싸움이 실제로 이루어지지는 못했다. 30여 명의 떼거지쯤이야 전혀 겁나지 않지만 타 지역이라 오래 버티면 불리할 것 같아서 친구들이 백여 미터 도망가자 우리도 눈짓으로 호흡을 맞추고 뒤돌아 달아나기 시작했다. 저들은 벌 떼처럼 몰려왔고 우리 친구들과 가까워지면 우리 둘은 뒤돌아 서면서 저들을 커버하였다. 그러기를 수차례 거듭하다가 고산과 봉동 중간 지점이 2㎞쯤 전방에 다가오자 저들은 더 이상 쫓아오지 못한다. 역시 촌놈들이라는 생각이 들었다.

내가 어릴 적엔 이유 없는 마을 패싸움이 벌어지곤 했었다. 우리 마을은 오십여 호이지만 옆 동네 마을은 백여 호가 되어서 젊은 남자들이 동네 잔칫날 아저씨와 아주머니들이 함께 어울려져 즐기는 모종으로 알몸의 골통 사내를 앞장세워 쳐들어오면 우리 마을 싸움꾼이 무조건 달려들어 때려눕히면 그쪽 패거리들이 벌 떼가 되고 그렇게 육박전이 전개되곤 했었다.

어느 날 저녁 그쪽 마을 아이들이 쳐들어 왔다. 나와 그 힘센 친구가 친구들을 규합하여 반격하니 저희들 마을로 도망가고 우리는 소리 지르며 어둠 속을 향하여 쫓아갔다. 그러다 그쪽에서 갑자기 폭음이 일어났다. 갑작스런 폭음 소리에 우리 쪽 친구들은 갑자기 졸아 마을 안으로 도망치고 만다. 나와 그 친구가 아무리 말리고 허풍이라고 설득하여도 썰물처럼 사라지고 말았다.

그 후 전주에 살 때 보름날 큰 마을에서 머슴 사는 친구를 만나려고 그 마을에 누나집이 있는 친구와 같이 그 마을에 들어가니 세 명의 사내가 다가와 무조건 주먹을 휘두르며 다가오고 친구는 중간에서 말렸다. 그래도 폭력은 일어나지 않고 헤어졌는데 한 사내가 말마디나 하는 친구를 데리고 다시 나타나 다시 시비를 건다. 주위를 살피니 조용하여 나는 헤딩을 날려 묵사발을 만들어 주고 그 마을을 서둘러 나왔다.

어느 날 전주시내에서 그 마을 청년들 10여 명이 어우러져 걸어가고 있었다. 내가 대뜸 "야, 너희들 거기 서!" 하고 소리 지르자 바짝 얼붙은 저들은 일렬로 부동자세가 된다. 다가서며 "너희들, 나를 알지?" 하자 "몰라요." 한다. 눈에 익은 세 사람을 남기고 "너희들은 가도 돼." 말이 끝나자 7명의 젊은이들은 남으라는 세 친구의 안위는 나 몰라라 뒤도 돌아보지 않고 빵소니치는 것이다. 그렇게 큰 마을의 10명의 청년들은 전주가 도회지라는 그 자체와 나의 기세에 눌려 내 앞에 바짝 얼어붙은 촌놈들이 되고 만 것이다. 나머지 세 청년에게 앞으로 텃세하지 말라고 으름장을 놓고 돌아가도 좋다 말하니 "예 감사합니다." 꾸뻑하고 꽁지 빠지게 달아나는 것이었다.

2 한 알의 작은 씨앗

고압선 수리공

수락산 봉오리 등 뒤에 걸치고
심장 떼어 생명보험 저당 잡혔나
대롱대롱 한 마리 다람쥐 되어
외줄 매달려 재주 부린다

안개구름 머플러 목에 두르고
떠돌이 갈까마귀 이웃 삼아서
황조롱이 홀로 맴돌아
친구가 되어 주는 날

슬쩍 옷깃만 스칠지라도
새까맣게 통닭구이 숯검정 되련만
가랑잎만 흔들려도 두둥실
거미줄 턱걸이 나방 한 마리

실바람만 불어도 그넷줄 되는데
선녀가 내려준 두레박인가
실안개 낙하산 허리 걸치고
고압선 매달려 곡예 펼친다

성미

오래 전 자그마한 교회에서 있었던 일이다. 믿음에 열심인 교우들은 매일 성미를 떠서 주일마다 성미 주머니를 가지고 나와서 성미 통에 부었다. 한 달간 모았다가 목사님 댁 양식으로, 남으면 부사역자에게 보내 드렸다.

그런데 더운 날씨에 쌀통에서 쌀벌레가 번지고 집을 지어 뭉실뭉실 엉기는 것이다. 부사역자 입에서 먹을 수도 버릴 수도 없다는 말이 나왔다. 그래서 식당의 일을 관장하는 권사님한테 성미에 벌레가 생겨나기 전에 교회 점심으로 쓰고 대신 그 돈으로 새 쌀을 구입하여 들이자고 건의하였다 한다. 말이 끝나기 무섭게 권사님은 그것이 무슨 말이냐, 거룩한 성미는 사사로이 사용하면 안 되고 목사님 양식으로만 사용하여야 한다며 말도 꺼내지 못하게 하였다 한다. 건의한 권사님은 그렇게 입 다물고 말았다.

그 권사님은 아직도 성미 쌀 자체를 범접하기 어려운 우상처럼 생각하고 가까이할 수 없는 거룩한 진설병으로 여기나 보다. 성미는 주님을 생각하고 목회자나 이웃을 대접하는 마음으로 뜨는 것이고 그 마음이 소중하고 아름다운 것이다. 그런데 그 성미 쌀이 버릴 수도 먹을 수도 없다면 성미가 아니라 애물단지일 것이다.

우리는 간혹 본질을 외면하고 외식에 치우칠 때가 많다. 지금도 성미를 모아서 그 무거운 쌀자루를 낑낑거리며 끌어다 셔틀버스를 운전하는 집사님한테 도움을 요청하는 노인의 딱한 모습을 볼 때도 있다. 지금은 쌀이 금쪽같이 귀한 시절은 아니다. 그리고 예전보다 식사비는 더 많이 들어가지만, 누구의 가정이든 쌀이 온전한 주식은 아니다.

그 노인의 성미는 혼자 사시는 분의 쌀치고는 상상 외로 많은 양이었다. 아마 일부러 구입했던가 아니면 선물로 들어온 것일 거다. 들어오는 성미를 사역자들의 양식으로만 쓰기엔 처치가 곤란할 것이다. 성미 대신 생활비의 일부를 하나님 앞에 드린다면 그것이 진정한 성미일 것이다.

한 알의 작은 씨앗

1980년대 중반, 다니던 교회의 목사님이 불의의 사고로 돌아가셔서 새로이 목사님을 청빙했다. 그런데 청빙한 목사님이 돌아가신 목사님이 아끼고 사랑하던 신학교에 다니는 교육 전도사를 경질하였다. 나중에 안 일이지만 전도사님은 결혼하여 만삭인 사모와 갈 곳이 없어 시흥 어느 야산에 굴을 파고 들어가 굴 안에서 몸을 의지하며 지내셨다고 한다.

당시 나는 사업이 잘 되어서 일주일 수입이 500만 원을 넘었다. 그래서 가끔씩 찾아오는 전도사님을 빈손으로 돌려보내지 않고 약간의 용돈을 드리고 약간의 찬거리도 챙겨 드렸다. 그리고 전도사님의 총신대학교 졸업식 때는 사모님과 같이 양복도 맞춰 드렸다. 그 시절은 기성복 양복이 흔하지 않아 목돈을 주어야 양복을 맞출 수 있었다. 졸업식은 63빌딩에서 하였고 찾아가서 축하도 해 드렸다.

몇 년 후 전도사님은 부평에서 담임 목사로 임직하였다. 교세가 보통은 넘어 개척 교회가 아니고 기성 교회 같았다. 나의 큰딸이 결혼하여 그 교회에서 신앙생활을 하게 되었는데 목사님이 설교 시간에 자주 내 이야기를 하신다고 했다. 큰 은혜로 어려움을 넘길 수 있었다고 말씀하신다는 것이다.

만삭인 사모와 땅굴 속에서 보내던 중 내가 준 자그마한 도움이 평생을 잊지 못하는 감동이 되었나 보다. 지금 생각하면 더 많은 힘이 되어 드릴 수 있었을 텐데 아쉬움이 들기도 했다.

나는 십대 때부터 부모님과 형제들을 위하여 온 힘을 다하여 닥치는 대로 일에 뛰어들었다. 노동이고 장사고 가리지 않았고 힘들거나 부끄럽다는 생각을 해본 적이 없다. 막냇동생한테는 많이 가르치지 못한 것과 군에도 가지 못한 왜소한 체격이 입이 짧은 동생에게 제대로 먹이지 못한 것이 내 탓인 듯 생각이 들어 늘 안타까웠다.

그래서 고리의 사채를 내어서 동생이 정비 기술과 운전면허를 따게 하였고 정비소를 낼 수 있도록 도와주었다. 구하기 힘든 일자리도 알아봐주었고 지금껏 하고 있는 사업도 나의 알선이다. 동생은 지금 장로의 직분이며 남매를 잘 키워 이름 있는 대학을 졸업시켜 자식들도 직장 생활을 하고 있다.

나는 소인배다. 내심 손 내밀고 싶은 때도 있고 해가 바뀌어도 먼저 전화 한 통 없는 동생이 섭섭하기도 하다. 동생 하는 말이 나는 형님의 은혜를 입어서 오늘에 이르렀으니 나도 이웃을 위하여 베풀고 살아간다고, 그러면 된 것 아니냐고 말한다. 하기야 동생 말도 맞는 말이다. 동생은 일찍 어린것들을 남겨두고 먼저 간 형님 내외분의 조카들을 돌보았고 형편이 어려웠을 때 누나들도 여러 번 도와 준 일이 있는 것으로 기억한다. 나는 자세히 모르지만 주위와 이웃에게 도움을 주는 손길로 살아가는 것 같다.

1970년대 초에는 아홉 식구를 책임지고 목구멍 풀칠도 어려운 때, 여동생이 고등학교에 보내 달라고 했다. 학교만 보내주면 학비는 벌어서 다니겠다고 한다. 나는 형편을 따지지 않고 알았다고 대답하고 학교를 수소문하여 그 당시 나한테는 목돈을 들여 여동생을 학교에 보내주었다. 당시에 취직하기란 하늘의 별따기만큼 어려워 졸업 때까지 내가 학비를 감당했다. 심지어 집사람이 못 먹어 영양실조로 쓰러져 병원에 실려 간 일이 있어도 동생 뒷바라지를 했다. 그 동생은 미국 언니의 아들 결혼식도 참석하고 먼저 간 언니를 대신하여 조카들도 돌보아주기도 하며 든든한 사업체를 가지고 떵떵거리며 잘 살고 있다.

그래도 젊은 날 아낌없이 부모님과 형제를 위하여 땀 흘려 희생한 대가를 직접 보상받지는 못할망정 가끔은 말이라도 고마웠다는 말을 듣고 싶다. 어쩌면 동생이 나를 자주 돌아보지 않는 것은 아직도 날 어릴 적 능력 있는 형님으로 느껴서인지도 모른다. 그렇지만 작년 추석땐 무슨 바람이 불었는지 집사람의 간절한 콜 덕인지 동생 내외와 자녀들이 난생처음 이틀을 체류하며 다녀갔다. 집사람이 기분이 좋아 콧노래를 부르며 극진히 대접했다.

나는 지금도 1970~1980년대를 헤매고 있는지 모른다. 나는 한 번 맺은 인연은 소중히 여긴다. 1970~1980년대 맺은 교우들의 얼굴은 만나면 알아볼 수 없겠지만 그 시절 그 모습, 그 이름으로 기도를 한다. 나쁜 기억이 얽힌 이름도 모두 나의 허물로 여기고 기도한다. 이미 이 땅에서 떠나간 이름 석 자도 스마트폰에서 지우지를 못 한다.

▲ 1982년 제주 용두암에서 아내와

형제와 사촌의 조카들 이름까지 부르며 기도하고 애경사를 챙기려고 노력한다. 어릴 적 어렵고 힘들 때 아끼고 사랑하던 기억이 너무도 소중하고 아름다워서다. 세월이 더 흘러서 생각이 무뎌져 어쩔 수 없이 잊히면 몰라도 어제의 기억이 소중했으면 내일도 소중한 것이다.

그렇지만 건강한 몸으로 꿈조차 꾸지 못했던 문학을 공부하며 중앙 문단에 등단하고 상을 받으면서 내 작품이 여러 중앙 문예지에 실리고 있는 것은 모두 하나님의 은혜다. 그래서 새벽마다 빠트리지 않고 차례대로 하나하나 수백의 이웃의 이름을 부르며 저들의 구원과 복을 빌어 주는 것이다.

성령의 수술

1960년대 초, 어느 날 갑자기 어깨가 무너지게 아파서 팔을 움직일 수도 없었고 잠을 잘 수도 없이 고통이 심하였다. 속으로 오십견인가 하면서 병원에 가서 진찰도 받고 약도 먹으며 물리치료도 받았으나 통증이 가라앉을 줄 모르고 고통은 날로 더욱 심하였다. 그러던 어느 날 노원역 부근에 드라마 〈허준〉에서 허준 역 침술을 대신하였다는 한의원이 있어서 찾아갔더니 생각보다는 젊은 의사였다.

일주일쯤 침술과 물리치료를 병행하는데 원장이 나한테 솔직하게 말한다며 침술과 물리치료만 받으면 먹고 살기 힘드니 한약을 지으라고 한다. 한 제가 얼마나 드느냐 몇 첩을 먹어야 하느냐 물어보니 적어도 2~3제 먹어야 한다며 한 제에 40~50만 원 하는데 더 좋은 것은 70~80만 원 한다고 말한다. 돈만 밝히는 의사라는 생각이 들었고, 먹는다 해도 나을 거라는 보장도 없어서 때려치우고 다른 양약이나 물리치료도 모두 중단하고 고통을 억지로 참으면서 한 일주일 견디니 스르르 통증이 사라져 아픈 증상이 말끔히 없어지고 말았다.

그런 후 어느 날 맨바닥이나 의자에 앉으면 엉덩이가 배겨서 견딜 수가 없었다. 방석 두 장을 깔고 앉으면 통증은 덜하지만 불편한 것은 마찬가지였다. 병원에 가서 사진을 찍어보니 꽁지 뼈가 길어서 그런 것 같다며 잘라내면 될 것 같다고 말한다. 그러나 의사가 자신 있게 권하는 것도 아니고 그럴 거라고 말하니 나도 수술 받아야겠다고 확신이 서지 않아서 그대로 방치하며 다른 약이나 치료를 중단하고 심히 불편한 생활을 지속하였다.

그렇게 불편을 겪으며 지내기를 두어 달쯤 지나자 살며시 고통이 사라진 것을 느꼈다. 그렇다고 금식을 하거나 기도원을 가지도 않았다. 나는 새벽에 일을 나가지 않을 땐 새벽 기도를 드린다. 평생 해 온 습관이다. 몸이 불편하니 더욱 간절한 기도를 하는 것은 당연하였다. 우리 하나님은 더 기도를 열심히 하라는 뜻인지는 확실치는 않으나 나에게 상해가 아닌 질병을 주었고 만사가 하나님의 주권 하에 있다는 믿음을 더 굳게 하시려는 것 같았다. 그렇게 힘든 고통의 질병을 현대 의술이 아닌 성령의 수술로 치료하신 것이다.

소아마비

둘째 딸은 유독 풍파가 많았다. 그렇지만 늘 기적의 손길로 건져 주시니 하나님의 사랑을 증명이라도 하시는 것 같다,

1971년 늦가을, 둘째 딸이 갑자기 열이 나고 토하고 설사를 했다. 자세히 보니 한쪽 다리를 디디지 못한다. 업고 근처 병원에 가니 의사가 소아마비에 걸렸다고 약을 처방해 주었다. 간호사 둘이서 한 사람은 10cc, 다른 한 사람은 20cc 먹이라고 서로 주장이 달라 결말을 못 내고 돌아왔다. 결국 불신을 떨치지 못하고 약을 버리고 말았다.

그때 한 주간지에 신촌 상해 한의원 의사가 유능하다는 기사가 나온 것을 보고 찾아가니 원장이 잠깐 옆에 나갔으니 기다리라 한다. 한 시간을 기다려도 오지 않아 어데 갔느냐 물으니 아끼던 도자기를 깨고 화가 나서 나갔다고 한다. 여기가 길이 아닌가 싶어서 한의원을 나와서 영등포 사거리에 있는 박 소아과로 찾아갔다. 꽤 크고 유명한 병원이다. 그런데 의학박사인 원장의 말이 소아마비는 아닌 것 같은데 모르겠으니 내일 다시 오라고 한다. 소아마비가 아닐지도 모르겠다는 그

말에 희망이 생기고 만약 소아마비라면 이 아이를 평생 뒷바라지 해야겠다고 마음속으로 다짐하였다.

그런 생각을 하면서 다음날 일찍 병원에 갔으나 원장님이 간호사들과 예배를 드리고 난 후에야 진찰을 하는 것이다. 둘째 딸은 밤부터 한쪽 볼에 벌겋게 종기가 돋아났다. 그 상태로 다시 박 소아과에 가니 진찰을 하며 분명히 단언하지만 소아마비는 아닌데 무슨 병인지는 모르겠으니 돌아가라고 한다. 그래서 볼에 난 종기는 무엇인가 물었다. 아무것도 아니니 신경 쓸 필요도 없다고 한다. 자기 소견대로 약이나 주사를 처치도 안하고 모르겠다고 말하는 것을 보고 대단히 양심 있는 의사라는 생각이 들었다. 다른 데서는 무조건 소아마비라고 처방을 해 주건만 박 소아과는 예배를 드린 후 진료를 시작하는 믿음의 병원이다.

그래도 둘째 딸이 낫지는 않아 어떤 지인의 말이 돈암동 홍 소아과가 잘 본다 하여 거기도 가 보고 서울 장안을 누볐다. 마지막으로 서울대학병원에 가서 접수하려는데 어떤 교수를 원하느냐 한다. 원하는 교수 이름을 말하라 하여도 아는 교수가 있을 리 만무했다. 언뜻 지나가는 간호사에게 자문을 구하자는 생각에 지나가는 간호사한테 말을 걸었다. 아이 상태를 말하며 "좋은 분을 알려 주세요." 했다. 그러자 간호사가 "최한웅 박사님한테 진료 받으세요." 한다. 분명히 간호사는 사심 없이 병원 최고의 의사를 알려 주었을 것이다.

접수하고 진찰실에 들어가니 인턴들이 기초적인 검사와 신상을 기록하고 교수를 기다린다. 나의 조바심과는 아랑곳없이 의사는 이십 여 분 지나서 들어와서 작성한 기록을 보면서 의사의 기본 자질을 말하는 등 십 분 이상 강의를 하는 것이다. 강의를 끝내고 청진기를 들고 아이를 보면서 이러이러한 예방주사를 맞았느냐 묻는다. 아니요 말하니 요즘 세상도 이런 사람들도 있느냐 한다. 사실 아홉 식구를 거느리고 목구멍 풀칠하기도 힘들었던 시절이었으니 예방주사 같은 것은 꿈도 못 꿀 형편이었다. 무슨 할 말이 있겠는가.

한참을 살피던 의사는 나에게 이 아이 볼에 무슨 종기 같은 것이 생기지 않았느냐고 물어본다. 그 종기는 돋아났다 하룻밤 사이에 사라진 상태였다. 얼마나 반가운 질문인가. 박 소아과 원장은 그 큰 종기를 보고도 아무것도 아니라고 했는데, 여기선 없는 종기를 물으니 너무도 반가워 가뭄에 단비를 만난 듯 기뻤다. "예, 큼지막한 종기가 솟아났고 하룻밤 사이에 사라졌어요." 말하니 의사가 허벅지를 탁 치면서 "됐어요. 안심하세요." 한다.

몹시 궁금해서 "무슨 병인가요." 물으니 "병명을 말하면 당신이 알 수 있나요 쉽게 말해서 소아마비 사촌쯤 된다고 생각하세요." 그렇게 말하며 처방해준다. 인턴이 삼 일분 약이라고 말하면서 "이것을 먹으면 나을 겁니다. 혹 낫지 않으면 한 번 더 오세요." 한다.

삼일 분 약값이 백오십 원이었다. 무척 싸다는 생각이 들었다. 작은 딸은 사흘이 지나기 전 씻은 듯 다 나았다. 이렇게 여러 가지 시행착오를 거치며 최한웅 박사를 만난 일, 이 모두가 하나님의 섭리와 인도하신 것이라 생각했다.

살인자

그날도 주일 아침 바로 옆에 있는 교회를 둘러보려고 나와 보니 구린내가 진동한다. 우리 교회는 동네 작은 언덕에 새로 지은 건물이고 주변에 경작하는 밭들이 있었다. 새벽에 그 밭에 거름하려고 누가 인분을 뿌렸던 것이다. 그런데 교회 코앞 진입로까지 온통 똥밭이 되어 있었다. 똥 때문에 교회로 전혀 들어갈 수가 없었다. 경작하는 사람이 10미터 떨어진 곳에서 삽을 들고 있었다. 나는 죽이고 싶다는 생각 외엔 아무것도 생각이 나지 않았다.

죽여 버리겠다는 분노가 머리끝까지 치솟아 경작하는 오십대 남자한테 대뜸 "야, 이 새끼 너 오늘 죽을래?" 하고 험하게 소리를 질렀다. 그 사람은 내가 자기가 뿌린 인분 때문에 화가 난 것을 알고 있었다. 내 얼굴에 살기가 비쳤을까, 죽음의 그림자가 비쳤을까. 호랑이 앞의 강아지처럼 어찌할 바를 모른다. 그 사람은 예예 하며 삼십 대 초반인 나에게 얼굴을 들지도 못하고 "제가 다시 덮지요." 하면서 허겁지겁 미친 듯 삽으로 흙을 퍼서 인분을 덮었다.

그렇게 흙으로 덮어서 그런대로 사람이 다닐 수 있도록 길을 만들어 놓았다. 나는 분을 삭이고 식식거리며 그 사람이 길을 만드는 것을 보고만 있었다. 나는 그때 30대 전후였고, 서리집사로 물불 안 가리고 앞장서서 충성하던 시절이다.

며칠이 지난 후 들은 이야기다. 밭을 경작하던 건강하고 멀쩡해 보이던 그 사람이 갑자기 죽었다고 한다. 생각해 보니 그날 이후 삼 일만에 죽은 것이다. 어쩌면 아무 상관도 없는 교회에 그것도 주일날 괜한 심술을 부리려고 그렇게 했는지 모른다. 아니면 밭에 거름하려고 인분을 뿌릴 때 교회 건물이 눈에 보이지 않았을지도 모른다. 밭에 거름을 뿌려야 한다는 일념으로 무의식중에 뿌렸을 수도 있다. 그러나 더러운 인분을 뿌려 예배를 방해한 것이 큰 불경이 되었을 것이다. 주일날 새벽에 무슨 배짱으로 그런 짓을 했을까. 안타까운 생각이 들었다. 이렇게 욕심부려 경작하려 한 밭이지만 하나님이 그 영혼을 찾으시니 그대로 놓아두고 따를 수밖에 없었던 것이다.

고개 숙인 여우

동네 유 씨 집안 노인들이 어느 날 두 평 남짓한 장난감 같은 사당을 지었다. 명절 때나 절기를 따라서 제사를 지내는 건물이었다. 얼마 가지 못하고 제사도 지내지 않는 빈 건물이 되었다. 그러자 불량 청소년들이 모여서 담배 피우고 오줌 싸고 발로 차고 곡괭이로 부숴 버려 건물의 흔적도 없는 조각들이 흩어져 있었다.

나는 흩어진 벽돌 조각을 모조리 주워다 넣었다. 유 씨 집안 우두머리 되는 노인이 아기를 업고 와서 물끄러미 바라보다 말없이 돌아갔다.

이튿날 공사 현장에서 일하고 있는데 어떤 남자가 와서 나한테 말을 거는 것이다. 대뜸 "네가 최정호냐." 한다. 그래서 "그런데요." 하니 "너 경찰서로 가자." 한다. 내가 "무슨 일인데요." 하니 "인마, 가자면 갈 것이지 무슨 말이 많아." 하고 죄인 다루듯 한다. 내가 "그럼 옷 갈아입고 나오지요." 하니 "그래라." 한다. 그래서 신사복으로 넥타이까지 매고 나오니 태도가 싹 달라져서 "그럼 가십시다." 하고 존댓말로 바뀌었다.

그렇게 경찰서로 가보니 그 노인네들이 문화재 파괴 및 기물 절취로 나를 고발한 것이다. 지은 지 5, 6년 밖에 안 되는 두어 평 남짓한 파괴된 사당의 흩어진 벽돌 조각이다. 그걸 기소 자리에 집어넣었다고 문화재 파괴 및 무단 절취로 허위 고발한 것이다. 목사님도 자진하여 나 때문에 경찰서에 나와서 말도 안 되는 거짓이라고 진술하는데도 형사들은 모두들 내가 오늘 밤은 여기서 자야 한다고 말한다. 집으로 못 간다는 말이다. 그 노인네들이 약을 썼을 것이다. 이 소식을 듣고 친하게 지내는 중앙정보부 과장목사님 한 분이 경찰서로 전화를 걸어 줘 그날은 무사히 집으로 돌아왔다.

그 시절은 중앙정보부의 말 한마디면 모든 것이 다 통하는 무소불위의 세상이었다. 이 소식을 들은 큰 교회 목사님이 공화당 사무차장인 장로님을 소개해 주었다. 전화를 하니 염려 말라고 한다. 그 시절은 공화당 당원만 되어도 어디서고 큰소리쳤었다. 그러니 공화당 사무차장 정도 되면 그 위세는 나는 새도 떨어뜨린다는 말 그대로였다. 그분이 경찰서로 전화하였고 목사님이 경찰서에 들른다고 하니 서장이 로비까지 나와서 기다려 맞이한다.

목사님이 조서 받을 때 형사가 테이블 앞 나무 의자에 앉고 목사님이 안쪽 푹신한 회전의자에 앉도록 하고 조서를 꾸민다. 수사과장이 벌레 씹는 얼굴이다. 목사님한테 그런 법이 어데 있느냐, 바꾸어 앉으라고 한다. 목사님이 일어서려 하니 형사가 아니라고 극구 말려서 그렇게 조서를 받았다.

그리고 처음에 막말을 하던 형사가 보이지 않아서 어데 갔느냐 물으니 자체 감방에 한 달간 구류시켰다고 한다. 목사님이 그 형사가 나한테 막말한 것을 서장한테 말해서 서장이 사과를 하고 그런 조치를 취한 것이다.

노인들은 경찰서에서 안 되니 법원과 내무부에 다시 고발을 하였다. 거기서도 기각되니 청와대에 다시 60여 명의 노인들 이름으로 고발하였다. 중앙정보부에서 그들의 대표를 불러서 아무리 많은 수의 노인이지만 이것은 명백한 허위다, 무고는 노인이고 숫자가 많아도 모두가 감옥에 가야만 되는 사항이다, 그러니 목사님한테 찾아가 사과하고 용서를 빌어라 그렇지 않으면 노인들을 법대로 처리할 수밖에 없다고 말했다.

난감해진 노인들은 할 수 있는 것은 다 해본 마당이라 할 수 없이 콧대 높은 노인네 대표와 임원이 목사님한테 찾아왔다. 그들은 목사님과 교회를 힘들게 한 것에 대해 용서를 빌었고 목사님은 웃으면서 없던 일로 해주었다.

그리고 그동안 그 노인네가 몇 번 예배드리고 있는 교회 현관문을 열어 제치며 염병할 놈들 시끄럽게 한다고 소리치곤 했었는데 얼마 후 자신이 염병 즉 장실부사에 걸려서 죽을 고생을 하였다. 이 일을 계기로 태도가 180도 바뀐 것이다. 길을 가다가 목사님과 나를 만나면 공손히 허리를 굽히며 먼저 인사한다. 먼발치에서 나한테까지 일부러 가까이 앞질러 또는 샛길로 다가와 "평안하시죠." 하였다. 새까맣게 나이 어린 나에게도 민망할 정도로 공손히 인사를 하는 것이다. 그렇게 유 씨 집안 제일 어른이 달라져 머리를 숙이며 친절히 대하니 그 후론 감히 누구도 교회를 훼방하거나 해를 끼치는 자는 나타나지 않았다.

일이 종결된 후에 남부 경찰에서 맨 처음 왔던 형사가 찾아왔다. 자체 감방에 들어갔던 형사가 찾아와서 식사나 한번 하자고 간청한다. 나 때문에 징계를 먹어서 미안한 마음을 갖고 있었는데 오히려 형사가 미안하게 됐다며 사과한다. 내가 사양해도 식사 한번 하셔야 된다며 물러서지 않았다. 아마 상부의 지시인가 싶어서 음식점에서 식사 대접을 받았다.

하나님의 집을 지으려 하는데 성령을 훼방하고 온갖 세상의 술수로 깊은 웅덩이로 몰아넣어도 끝내는 하나님께서 성령의 역사를 통하여 무릎 꿇게 하신 것이다.

차임벨

1950년대까지 새벽이나 주일날은 교회의 종소리가 온 동네와 멀리 떨어진 마을까지 울려 퍼져 나갔다. 그리고 1960년대 초반부터 큰 교회는 하나둘씩 큰돈을 들여서 음악 테이프를 틀어 외부에 설치한 스피커를 통하여 크게 울려 퍼지는 차임벨을 설치했었다.

서울 외곽 빈민촌에 속하는 곳에 1970년도 개척한 우리 교회도 차임벨을 설치하고 목사님이 시간을 맞추어 찬송가 멜로디를 동네에 울려 퍼지게 하였다. 그 시절까지는 관공서에서 소음 규제를 하지 않고 주민들도 소음이라고 생각하지 않았다.

하루는 나 혼자 생각으로 목사님의 수고를 덜어주려고 단간방에 세 들어 사는 우리 집으로 차임벨을 옮겨 달았다. 그리고 매일 새벽과 주일날, 수요일 예배시간에 한 번도 실수 없이 시간 맞추어 차임벨을 틀었다.

그 마을은 유 씨와 권 씨가 많이 거주하였고 저들이 동네일을 좌지우지하고 저들의 위세가 대단했었다. 잡다한 물건들을 가지고 이동 판매를 하는 외지 장사꾼들은 그 동네를 들어오면 노인들한테 막걸리를 사야만 판매할 수 있었다. 하루는 그 동네 발언권이 대단한 60대 어른이 대뜸 쪽문을 밀치고 우리 방문을 열어젖히고 "야, 미친놈아. 왜 스피커를 틀어서 시끄럽게 지랄하느냐?" 하며 호통을 치는 것이다. 아마 작심하고 나를 혼내주려고 쳐들어 온 것이다.

나는 순간 화가 머리끝까지 치솟아 뛰쳐나가 그 권 씨 어른의 멱살을 잡아 거칠게 쪽문 밖으로 밀어붙이며 네놈은 누군데 함부로 남의 집에 쳐들어와 반말이냐고 거칠게 반격했다. "너 오늘 죽을래?" 하며 밀어붙이니 예상 밖의 험한 반격에 할 말을 잊은 권 씨는 별다른 공격을 못하고 슬금슬금 뒷걸음치다가 돌아가고 말았다. 자기 생각엔 험하게 나오면 저자세로 나올 줄 알았는데 나의 반응이 너무 거칠고 내 얼굴에서 살기와 자기도 모르는 두려움을 느꼈나 보다.

사실 어떤 후배는 나를 쳐다보면서 무섭다고 자기를 바라보지 못하게 한 일도 있었다. 총을 들고 전장을 누비다 돌아온 후 어쩌다 시비가 붙으면 뒷걸음치는 사람도 있었다. 아직도 전장에서 뿜어내던 살기가 비쳐서일까. 아니, 성령의 섭리였을 것이다. 그렇게 싱겁게 끝나고 그 후로는 종소리를 가지고 시비나 말썽을 부리는 사람이 없었다. 최소한의 예의로 항의했다면 나도 미안하다며 참아 주시라고 말하였을 것이다. 그렇게 무조건 방문을 열어젖히며 거칠게 주거침입을 하여서 나도 눈에 보이는 것이 없고 오는 방망이 가는 홍두깨가 된 것이다.

그런 일이 있은 얼마 후 그 어른이 죽었다는 말을 들었다. 따져보니 다툼이 있은 지 십여 일쯤 되는 것 같았다. 그렇게 교회를 앞장서서 박해하던 한 사람이 사라진 후 차임벨을 가지고 시비한 사람은 나타나지 않았다.

교만

내가 시골에 내려온 지 2년 후, 70대 이상 회원이 80여 명 되는 남전도회 회장이 되었다. 평소 7~8명이 모이던 남전도회를 활성화시키자 하는 마음으로 기도했다. 평소에도 나보다 연로하신 노인들에게 다가가서 인사하는 성품인 나는 회장이 된 이상 많은 분들을 찾아가 먼저 고개를 숙여 손 내밀고 얼굴을 익히며 참석하시라고 부탁했다.

평소에 참석하지 않던 노인들을 정성으로 섬기며 권하여 야외 회식에 모시고 가는 등 개인적으로 식사 초대도 하고 열심히 섬기니 평소에 눈길도 돌리지 않던 80, 90대 어르신들을 포함하여 매월 모임에 15~16명이 참석했다. 이곳에 오니 은퇴 장로 모임이나 남전도회 친목 모임에 남자들끼리만 모이고 부인들은 아예 참석을 안 한다. 그래서 나는 장로 모임에 항상 내외가 함께 나갔고 남전도회 야유회나 회식에 내외가 같이 참석하도록 앞장서 동부인하는 관례를 만들었다. 그리고 회비를 내는 회원들에 한하여 애경사나 병문안 때 2만 원을 지출하기에 5만 원으로 올리자고 건의하여 통과시켰다. 비회원도 전도 차원에서 입원하면 병문안 가자고 설득하고 회비에서 드링크 한 박스 값으로 만 원씩 지출하면 내가 그 이상 비용은 책임지고 혼자서라도 찾아보겠다고 동의를 얻어서 몇 번은 그렇게 했었다.

그런데 어느 날부터 총무가 내 말을 무시하고 응하지 않아서 치사한 생각이 들어서 더 이상 지출을 강요하지 않았다. 그렇게 비회원 지출은 흐지부지되었다. 그 와중에 한 은퇴 장로가 시도 때도 없이 비회원한테는 회비를 지출하면 안 된다고 말했다.

회원이 많아지니 자금이 풍부해지고 다른 부서는 자금 때문에 어려움을 겪는다는 말을 들어도 남전도회는 회식을 하는 데도 여유가 생겼다. 동부인하여 24명이나 되는 인원수로도 가까운 횟집에서 회식을 가졌고, 멀리 곰소와 서천에 나가서 회를 접대하였고 장수로 나가서 야유회를 가졌다. 기본금은 공금으로, 초과되는 금액은 내가 책임지는 등 그렇게 물심양면으로 활성화된 남전도회를 이끌었다.

추석 때 총무가 연세가 90이 넘은 장로님이 회비 3만 원을 더 냈다, 돈을 돌려주면 안 받을 테니 과일로 선물을 하자고 전화를 걸어왔다. 내가 역으로 제안을 했다. 연세가 80이 넘고 모임에 열심히 동참하며 회비마저 모범적으로 내는 회원 세 분한테 격려 차원에서 3만 원을 더 지출하여 6만 원 가지고 포도 선물을 하자고 했다.

총무는 6만 원 가지고 과일을 어떻게 사느냐 한다. 모래내 시장 가면은 상품 포도를 살 수가 있으니 멀지만 내가 다녀오겠다고 말했다. 총무가 회원들한테 허락을 받아야 된다 하기에 추석이 낼 모레이니 어찌 회원들의 허락을 받느냐, 회장과 총무가 하자, 나중에 추인을 받으면 된다고 내가 강력하게 주장하였다.

총무는 흔쾌히 말을 하지 않는다. 자기는 모르겠으니 회장이 알아서 하라고 한다. 회장이 그런 권한도 없느냐 말해도 총무는 나는 모르니 알아서 하라고 했다. 나는 생각하기를 남전도회 모임 때 사비를 50, 60만 원씩 찬조하는 회장이 그까짓 3만 원이 무슨 대단한 일인가 했다. 회장이 그런 일쯤이야 당연한 것 아닌가 하는 마음으로 선물을 했다. 노인들이 대단히 기뻐했다.

그러나 나의 그런 행동이 화근이 되었다. 몇 사람한테는 사전에 전화로 동의를 구했으나 평소 통화가 없던 회원한테는 동의를 구하지 못했다. 월례회 때 한 회원이 작심하고 회장이 무슨 권한으로 회원 허락도 안 받고 돈을 쓰느냐, 돈은 회원이 내는데 회장이 혼자서 생색을 내느냐며 항의를 했다. 나도 그 하찮은 3만 원 가지고 문제를 삼느냐, 회장이 그런 권한도 없느냐, 내가 공금을 나를 위하여 썼느냐, 노인들 섬기는 게 문제가 되느냐 맞받아 큰소리로 대답했다. 그러자 선물은 좋은 일이고 열 번이고 잘한 일이다, 그러나 사전에 허락을 받지 못한 것이 잘못된 일이라고 몰아붙인다.

추석이 그 주간이어서 시간상 말할 여유가 없었고 좋은 일을 문제를 삼으면 어떻게 일할 수 있는가, 잘한 일이고 많은 액수가 아니면 박수로 추인해 주어야 하는 것 아닌가. 이렇게 감정적으로 노인들을 옆에 두고 고성이 오고갔다. 그 노인들이 얼마나 민망했겠는가. 나는 왜 하찮은 3만 원 가지고 공금을 지급하려 했을까 자문자답해 보았다.

남전도회 이름으로 하고 싶어서 그렇게 하려고 고집을 부렸을까. 내가 개인적으로도 열 사람한테도 할 수 있었는데 하는 생각이 들었으나 이미 늦은 일이었다. 나의 행동이 정당하고 옳은 일이라고 상대방 장로가 잘못했다는 해명서를 컴퓨터에 작성하고 출력하여 목사님과 회원에게 돌리기도 했었다. 직접 당사자와 시비를 가리면 또 고성이 오갈 것 같아서 그렇게 한 것이다.

그때에는 그 회원이 오기로 시비를 거는 것 같아서 나도 참지 않아 부끄럽고 시끄러운 싸움이 되고 말았다. 서울에서 내려 온 지 2년차 햇병아리가 회장이라고 설치는 나의 행동이 몇십 년을 교회를 지켜온 사람들한테는 얄밉고 건방져 보였을지도 모를 일이었다.

그 장로가 항의할 때 내가 잘못했다고 앞으론 꼭 허락받고 집행하겠다고 말하였으면 얼마나 품위가 올라가고 아름답게 월례회가 마무리 되었을까. 그런 마음으로 후회하고 뉘우쳤으나 이미 엎질러진 물이었다. 아마 내가 회원도 늘어나고 몇 사람은 나보고 만년 회장을 하라며 농담도 하고 어른들 섬기는 재미도 있었기에 나도 몰래 우쭐하고 교만한 마음이 생긴 것이다.

그 일을 겪은 노인들이 나보고 월례회에 빠지겠으니 참석하라 권하지 말라고 한다. 내가 인격이 성숙하지 못하여 이런 결과를 가져왔으니 용서하시고 참석하시면 앞으론 이런 일이 없을 것이니 노여움을 푸시라고 집으로도 찾아가 용서를 빌었으나 돌이키진 못했다.

그해 10월에는 무슨 뒷공론이 돌았는지 월례회 시간이 지났어도 모이지 않은 일도 있었다. 그해 11월 총회에서 총무가 회장으로 앉았고 나는 물러났다. 그리고 나는 그 회원을 만나서 이 모든 불미스러운 일이 나의 인격의 수양이 부족하여 일어난 일이니 모두 용서해 주시라고 말했다. 그리고 월례회 때 회원들 앞에서 공식적으로 똑같이 용서를 빌었다. 목사님이 걱정이 되셨는지 나한테 남전도회를 잘 도와주시라고 두 번씩이나 전화를 주셨다.

그때 내가 교만한 마음이 없었다면, 지혜롭게 받아 주었으면 얼마나 좋았을까. 얼마든지 아름다운 이야기를 엮어 나갈 수 있었을 것이다. 생각하면 너무도 아쉬운 순간이었다.

이모님의 영발

1970년대 중반, 아내가 시골 처갓집에 다녀오면서 일어난 이야기다. 우리 형편이 너무도 어려운 줄 아는 처갓집에서 찹쌀, 고춧가루, 깨 등 서울서 우리 형편에 구하기 힘든 이것저것 몇 뭉치를 싸주었다 한다. 아내는 전주에서 한진 고속버스를 타고 서울역 버스 터미널에 도착하기 전 어린 두 딸과 함께 흑석동 간이 정류장서 내려 택시를 탔고, 신도림동 집에 도착하여 어린 두 딸과 내리느라 뒤 트렁크에서 보따리를 깜빡 잊었고 택시 기사도 모르고 그대로 가버렸다. 뒤늦게 보따리 생각이 난 마누라는 정신없이 그 택시를 잡으려고 무조건 영등포 가는 버스를 타려고 달려 나갔다.

물건을 찾겠다고 정신없이 달려 나가는 아내의 뒷모습을 보면서 나는 한강의 모래밭에서 바늘 찾는 격이고 찾아도 물건이 그대로 있다는 보장도 없어 쓸데없는 헛수고라고 생각했다. 이 넓은 서울에서 제멋대로 흩어져 뿔뿔이 다니는 택시를 찾는 것은 불가능하다는 것을 알고 있었다. 그렇지만 아내를 붙들 수는 없었다. 그 당시엔 너무도 금쪽같은 물건이고 처갓집에서 얼마나 정성들여 싸준 귀한 물건인데 가슴이 아렸으나 내 복이려니 포기한 상태였다.

그런데 처녀 시절부터 믿음이 특출하시고 노회 순회 전도사로 시작하여 평생을 여전도사로 기도발이 대단하신 이모님이 야외 텃밭에 자리한 화장실 문을 열고 나오시면서 "정호야, 어미가 물건 찾았다. 걱정하지 마라." 하신다. 나는 이모의 말씀을 들으면서 안심했다. 전화가 있던 시절도 아니고 이십여 리나 떨어진 아내의 상황을 어찌 알 수 있을까 싶겠지만 나는 이모님의 말씀을 그대로 믿었다. 그만큼 이모님의 영발은 대단하시다는 것을 여러 번 체험했고 성령의 역사를 믿기 때문이다.

물건을 찾으러 나간 아내는 영등포역 삼거리에서 발을 동동 구르며 수없이 오가는 택시만 대책 없이 바라보고 있었다 한다. 한두 시간 지난 후 노란색 택시 한 대가 옆으로 와서 정차하는데 눈에 익은 타고 온 택시 같아서 "아저씨, 내 짐." 하고 문을 열었다. 그 기사도 생각이 난 듯 "아아." 하면서 내리고 뒤 트렁크를 열어보니 물건이 그대로 있다. 택시기사도 잊었고 그 트렁크에 짐 실은 손님이 없었기에 그대로 짐이 있었던 것이다.

하루 종일 시골에서 걸어서 십 리 길 소재지로, 소재지에서 두어 시간 터미널까지, 전주에서 네 시간 가까이 고속버스 타고 다시 택시 타고 애들과 시달리다 잃어버린 물건인 것이다. 아내는 몸과 마음은 만신창이가 되었지만 찾은 물건이 공짜같이 생각되어 날아가는 기분으로 그 택시로 돌아왔다.

아내가 돌아온 후 이야기를 들어보니 택시를 만난 시간과 이모님이 말씀하신 시간이 맞아 떨어졌다. 하나님께서 우리 내외의 안타까운 마음과 이모님의 간절한 중보기도에 응답하신 것이 분명했다. 이 모든 것이 작은 기적으로 다가오신 성령의 역사와 섭리가 분명하였다.

장로

1970년대, 변두리 낙후된 마을에 개척한 자그마한 교회에서 신앙생활 할 때 일이다. 결혼생활 초 매주 늘어나는 십일조가 주일을 기다리는 재미가 되고, 피곤한 삶에 활력이 되어 주었다. 그 시절엔 누구나가 세끼 밥 먹을 수 있다는 것이 행복이었다. 그만큼 생활들이 여유가 없었고 가정마다 자녀들이 4~5명씩 되었다. 시골에서 십대 후반 처녀들이 너도나도 앞다퉈 서울로 올라오던 때였다. 가난한 농촌에서 목적지도 없이 무턱대고 올라오는 처녀들의 일부는 그들을 노리는 검은손에 이끌리어 음지로 빠져들기도 하였다. 먼저 온 친구의 주선으로 올라오는 처녀들은 우후죽순으로 늘어나는 생산 공장에 취직하여 돈을 벌어 고향에 보내며 혹은 야간학교에 다니면서 못 피운 꿈을 가꾸기도 하였다. 서울 인구는 날마다 불어나서 개척하는 교회마다 시골에서 몰려오는 젊은이들과 가정마다 있는 5~6명의 어린이들로 날로 부흥되었다.

놀이 문화도 단조로운 가난한 사회라 마음에 안식이 필요한 사람들의 발걸음이 교회로 몰려왔던 것이다. 개척한 지 얼마 되지 않는 우리 교회의 재정은 목사님 사례비도 감당하기 힘들었고 주일학교 교사나 성가대원들의 점심 식사를 대접할 형편이 못되었다. 그럴듯한 직장을 가진 사람이나 부자가 없는 교인들이어서 십일조도 항상 내가 제일 많이 내는 축에 들었다. 누구의 권고나 부탁도 없이 나는 점심을 굶고 있는 젊은이를 보기가 딱하여 이들에게 밥을 지어 점심 대접을 하였다. 반찬이야 콩나물국과 김치가 고작이었으나 교사나 성가대원들이 맛있게 먹는 모습이 보기가 좋아서 몇 년인가를 점심을 지어주었다. 더러는 저녁도 함께할 때도 있었다.

집사람도 당연한 것으로 생각하고 앞장서서 허기진 젊은이들을 섬겼다. 쌀이 귀하여 저렴한 납작보리와 쌀을 혼합한 정부미로 밥을 지었다. 쌀 소비량이 월등한 우리한테 쌀가게 주인은 질 좋은 정부미가 들어오면 제일 먼저 알려주기도 하였다. 나는 그 시절 장로라는 말은 생각해 본 일도 없었고, 사실 집사된 연륜이나 남다른 성경의 지식도 장로와는 거리가 멀었다.

그런데 우리 교회의 절대적인 발언권을 가지고 타인의 추종을 불허하는 믿음과 기도의 영력을 가지신, 내가 사랑하고 존경하는 이모님이 가끔씩 전주에서 올라오신 때였다. 목사님은 이모님을 어머니라 부르며 이모님의 말씀이라면 무조건 순종하며 자문을 구하는 분이다. 한번은 이모님이 올라오셔서 내 모습을 보신 후 "최 집사가 장로가 해야 할 일을 하는구나." 지나가는 말로 한마디 하셨다.

그런데 그 말을 장로를 꿈꾸는 두 집사 중 한 집사의 부인이 들었고 말썽이 된 것이다. 사실 내 생각으론 아직은 교회의 형편이나 그 집사들의 모든 능력이 장로 자격에 미달된다고 생각하고 있던 때였다. 교회에 난리가 났다. 자기들을 제외한 애송이 최 집사를 장로를 세운다고 소문이 퍼졌다.

사실 그 시절은 목사님이 임명한다고 말씀 한마디만 하면 끝나는 시절이었다. 목사님이 존경하고 따르는 이모님의 말씀이니 자기들은 물 건너갔다고 생각한 것이다. 최 집사가 장로가 되는구나 생각했었을 것이다. 나는 생각도 해본 일도 없었고 목사님 또한 나의 생각과 다를 바 없었을 것이다. 본인의 생각과는 무관하게 장로의 회오리가 한바탕 몰아쳤었다.

기적

내가 16~18세 때 매일 새벽종을 치던 교회의 전신인 봉동 중앙교회의 이야기다.

고향을 떠나 서울에서 젊음을 다 보내고 50년 만에 고향 땅에 내려와 보니 잡음과 불화로 부채만 등이 휘도록 짊어지고 겨우 100여 명의 성도로 메말랐던 교회가 뜨거운 부흥의 불길이 활활 타고 있는 교회로 변해 있었다.

영국에서 신학교 박사 논문이 마무리되어 갈 무렵 귀국하라는 하나님의 음성을 듣고 박사 과정을 접고 미련 없이 귀국한 홍성인 목사님이 초임 담임 목사로 사역을 시작하여 날로 부흥하는 성령의 역사가 뜨거운 교회로 되어 있었다.

교육관 부채가 17억 뿐인 건축 재정이지만 당회와 온 성도가 새 성전 건축의 열망을 기도로 힘을 모아서 시공의 첫 삽을 떼었다. 설계를 맡기고 시공사를 정하기까지 단 한 사람도 얼마를 약속한 사람도 없었고 대신 건축대금을 구할 방법이나 빌려주겠다는 사람도 없었다.

목사님은 불굴의 믿음 하나로 17억 부채와 건축 예산 제로 상태에서 대지는 구 건물 교회 터 위에 건축비만 50억을 들인 성전을 건축하기로 공포했었다. 모든 공사는 비용의 절반을 확보가 되든가 1/3 정도라도 준비되어야 하고 나머지 자금이 나온다는 보장이 되어야 시작하련만 이것도 저것도 아무런 대책도 없었다.

하나님만 의지한 목사님의 확고한 믿음의 진두지휘 아래 당 회원의 한결같은 협력과 순종으로 시공의 첫 삽을 떴던 것이다. 세상 사람이 내용을 알면 허황되고 미친 짓이라고 말할 것이고 어느 믿는 구석이 있겠지 말할 것이다. 믿는 구석이야 분명히 있고 미친 것도 분명했다. 믿는 구석은 하나님 한 분이시고 미친 것은 예수님한테 미쳤고 성령에 취해 있었다.

사람들은 생각하기를 어느 독지가가 있거나 돈 많은 교인의 덕을 보겠지 하겠으나 부자나 돈 많은 성도는 눈 씻고 찾아도 씨알도 없었다. 읍의 유지급 성도들은 이웃에 있는 교회에 몰려 있다고 세상 사람들은 말한다. 딱 한 번 건축헌금 공표를 하여서 작정헌금을 받았다. 그것도 작정한 사람의 이름마저 공표하지 않았다. 누구는 얼마를 했으니 얼마를 해야 한다는 부담을 주지 않으려고 건축이 끝난 후에도 누가 하고 안 했는지 알 수는 없었다.

목사님은 기도만 부탁하고 특별 기도를 몇 차례 하였으나 건축헌금을 독려하는 광고나 어려우니 함께하자는 언질이나 구차한 말은 입 밖에도 내지 않았다. 건물이 올라가는 동안 단 하루도 날씨나 자재나 자금도 어떤 구실 때문에 일을 멈춘 적이 한 번도 없었고 콘크리트 칠 시간이 되면 오던 비도 그쳤다.

그렇게 공사가 순조롭게 진행되어도 세상 사람들과 심지어 같은 교단 사역자들까지도 모이면 입을 모아 금세 부도가 날 것이다, 두 손 들고 나자빠질 것이다 하며 망하기를 바라는 듯 험담을 쏟아 냈다고 한다. 저들의 기대와는 달리 일 년여 만에 공사를 마쳤다. 많은 교우들이 헌금이 얼마가 들어왔고 빚이 얼마나 되고 어찌 해결하려느냐 염려스럽고 궁금하여 수차례 묻기도 했으나 웃으시며 걱정 말고 기도만 하시라고 말씀하신다.

입당 예배드린 후 건축위원회에서 발표를 해 재정내용을 알 수 있었지만 개인헌금 명단은 끝내 밝히지 않았다. 타 교회에서 우리교회 공사를 두고 부도가 났다느니 멈추게 됐다느니 심지어 목사님이 망하여 물러나게 되었다는 말이 나왔을 정도였다.

우리도 모르는 소문들이 무성했으나 성전 건축의 헌금 부담 때문에 이사 간 교우는 단 한 명도 없었고 건축기간에 새로 등록한 성도가 구십여 명이나 되었다. 목사님은 항상 성전건축은 돈으로나 계산으로 하는 것이 아니고 기도와 믿음으로 하는 것이며 하나님이 하시는 것이라고 말씀하시며 기도만 부탁하셨던 것이다. 보통 성전건축은 십시일반으로 힘을 모으자는 광고를 하는 것이 상식이지만 목사님은 단 한 차례도 부담을 주지 않으려고 일반 상식적인 광고를 하지 않으셨다. 헌금한 성도의 이름을 밝히지 않음으로 형편이 어렵거나 마음이 동하지 않는 성도도 부담 없이 신앙생활을 할 수가 있었다.

형편상 타 지역으로 이사할 사람도 성전을 완공하고 입당예배를 드리고 일 년이 지난 후에야 이사한 성도가 있었을 정도다. 이렇게 당회와 온 성도가 기도로 하나가 되고 마음을 합하여 공사에 임하니 잡음이나 불미스런 일이 단 한 건도 없이 물 흐르듯 일 년여 만에 공사를 마칠 수가 있었다.

입당예배를 드린 후 발표한 공사비 내역은 총공사비가 65억이며 들어온 건축헌금이 30억, 일반헌금 17억이 결산되었다고 한다. 예전 부채 17억까지 포함하여 앞으로 15년 동안 이자와 원금을 갚아나가면 빚이 청산될 수 있으나 목사님께선 5년이면 끝난다고 말씀하신다.

읍 단위 농촌 도시에서 누가 얼마를 약속하거나 언질한 것도 없이 17억 부채만 가지고 50억 공사를 시작한 배짱은 무슨 배짱일까. 봉이 김선달도 실행 못할 공사다. 정신이 돌고 허황한 사람의 계산이 아니고서야 어떻게 50억 공사를 시작할 수 있을까. 세상 사람들이 내면을 안다면 미쳐도 크게 미쳤다고 믿어주지 않을 것이다. 그러나 엄연한 사실이고 하나님의 역사하심은 상식을 초월하시는 것이다. 그렇게 성전 공사의 대역사를 믿음 하나로 시작하였고 불상사나 잡음 없이 웃는 낯으로 시공사와 악수하며 기분 좋게 마무리할 수 있었다.

한강

1970년대 초, 나는 매일 새벽 5시 전에 강다리를 건너가고 오전 7시 전후에 다시 건너왔다. 1969년 4월부터 신림천 뚝방에 무허가 블록 집을 짓고 신접 생활을 시작했다. 군대에서 부상당하여 받은 목돈을 형님들 덕분에 제대로 고민도 하지 못하고 날려 보냈다. 우리 내외와 부모님, 동생 셋 그렇게 일곱 식구가 시작한 생활이 금세 딸 둘이 태어나 아홉 식구가 되었다. 그 시절은 무슨 일이고 일을 하고 싶어도 일자리가 없어 나 혼자 아홉 식구를 책임져야 했다.

나는 8형제 중 셋째다. 큰형님이 부모님을 모시겠다고 나섰으나 극구 반대하고 내가 모시기로 했다.

처음에는 형님들을 따라서 세일즈맨을 하였다. 누구보다도 잘한다고 생각하였으나 곧 포기하기로 마음먹었다. 처음부터 거짓말로 상황에 맞게 감언이설을 늘어놓아야 하기 때문이다. 이러다가 사기꾼이 될 확률이 높아서 때려치우고 말았다. 그리고 무조건 리어카를 끌고 용산 청과도매시장에 나가서 채소와 과일을 떼어서 한강을 건너 상도동 일대에서 판매하였다. 일요일은 교회에 나가고 매일 4시에 일어나 리어카를 끌고 시장에 나갔다. 하루 수입은 노동일당의 2~3배가 넘었다.

이러다 보니 대식구를 책임지고 동생을 학교에 보내고 집안의 크고 작은 모임은 내가 주관하고 경비도 책임졌다. 십일조를 시작했는데 매주 조금씩 늘어가는 재미에 주일날을 기다리게 되었다. 그렇게 서리집사로 70여 명의 개척교회에서 십일조는 항상 상위 안에 들었다.

그러던 어느 날부터 몸을 감당하기 어려워 병원에 가보니 그렇게 허약한 몸 상태론 쉬기도 힘들 텐데 어찌 일을 하느냐고 말한다. 그래도 나는 쉬지를 못했다. 9식구의 끼니를 해결할 방법이 없기 때문이다.

한약 지을 형편이 못 되어 외숙모의 알선으로 외상으로 지어다가 양약과 같이 복용하여도 차도가 보이지 않았다. 나는 교회에 나가 새벽기도를 할 수 없어서 집에서 시장까지 오가며 기도를 하는데 하루 아침은 하나님 죽어도 좋으니 하나님 영광에 누가 되지 않도록 해주시라는 기도가 나왔다. 한강을 오가며 그런 기도가 나온 것이다.

이렇게 기도하고 집에 있는 한약, 양약 봉지를 몽땅 쓸어다 버리면서 죽어도 좋으니 하나님 영광을 가리지 않겠다고 마음먹었다. 그렇게 약을 뚝 끊은 후 이삼일이 지난 후부터는 다리가 힘이 생기고 몸이 거뜬하게 느껴져 원인도 불분명한 질병이 사라진 것이다. 이렇게 하나님만을 바라고 의지할 때 손잡아 이끌어 주신다는 것을 확증해 주신 것이다.

훈련소

1966년 8월 4일, 군대 입소를 위하여 전주 공설 운동장에 집결하였다. 아버지가 집결 장소에 나오셔서 나 보고 "돈 필요하지 않느냐, 돈 좀 줄까." 하신다. 그러면서 눈물을 흘리신다. 처음으로 아버지의 눈물을 보았다. 나는 집에서 나올 때 주머니의 잔돈과 시계마저 끌러 놓고 나온 터였다. "집에서 나올 때 있는 돈도 내어놓고 나왔어요. 군대에서 돈이 무슨 필요가 있겠어요." 라고 안심시켰다. 사실은 용돈을 주실 만한 형편도 못되고 나는 평소 군대에서 무슨 돈이 필요한가 그렇게 생각했었다. 논산훈련소가 가까워서 그러는지는 몰라도 주변에서 우의, 야전삽, 군화 등 군수품을 어렵지 않게 볼 수 있었고 군에 간 사람들이 자질구레한 군용품을 집으로 가지고 오곤 했었다. 물론 우리 형님들은 군대 생활하면서 어려운 집안 형편을 돌아보지 않고 휴가 오면 돈을 가져갔다. 큰형님은 수송부에서 운전병으로 있었는데 군에서 공구를 잃어버렸다고 집에 있는 공구마저 가져갔다.

그런데 막상 군대에 들어가 훈련을 하다 보니 돈이 많이 필요했다.

먼저 물이 필요했다. 수돗물이 제대로 나오지 않아서 야외 훈련을 가기 전날 물통에 물을 가득 받아 놓아야 했다. 그래서 갈증이 나면 사이다라도 사 먹고 싶었다. 또 그 시절은 항상 밥이 적어서 정량을 먹어도 양이 큰 훈련병은 더 먹고 싶어 껄떡거렸다. 그래서 간식으로 빵을 사 먹어야 했다. 나는 다행히 밥 양이 적은 편이라 견딜 만했으나 너도나도 껄떡거리니 견딜 만하여도 덩달아 더 먹고 싶었다.

내무반에 입소하지마자 조교들이 사복을 갈아입을 짬도 안 주며 0.1초에 겉옷과 팬티를 벗어 통로에 던지라고 설쳐댔다. 주머니나 팬티에 매달은 돈과 주머니의 물건을 챙기지도 못하게 호되게 몰아붙였다. 내 생각에는 그렇게 몰아붙여 미처 챙기지 못한 돈을 자기들이 수입 잡으려 일부러 겁을 주는 것 같았다. 나야 처음부터 빈 주머니라서 신경 쓸 일이 없어 그냥 옷을 벗어던지기도 바빴다. 그래도 돈을 그냥 포기하기가 억울하여 호랑이보다 무서운 조교의 협박을 무릅쓰고 대부분 꺼낸 것으로 생각되었다. 통제된 생활을 하다 보니 이러저러한 것들이 필요했다. 그러나 주머니에는 땡전 한 푼 없으니 어쩌란 말인가. 그런데 바로 옆 동료가 나보다 초등학교 일 년 선배인데 돈을 많이 가지고 입소하였고 언제나 나를 챙겨 주어 그렇게 돈 때문에 고생을 하지 않았다.

우리 전라도 병력은 겨우 초등학교 출신이거나 무학이어서 촌닭처럼 웅크리고, 서울 병력은 대부분 고졸 이상 학력으로 기가 살아서 전라도 병력을 무시하였다. 그다음은 경상도 병력인데 숫자가 많고 말이 억세고 거칠고 말이 앞섰다. 이렇게 어울릴 수 없는 삼도의 병력이 한 내무반에 섞여서 틈만 나면 시끄럽고 싸움이 끊이지 않았다. 항상 졸아서 움츠리는 전라도 병력의 바람막이로 내가 앞에 맞서 싸웠다. 싸움이라야 마음껏 싸울 수가 없었다. 조교가 나타나기 전에 마무리해야 한다는 것을 모두 알기 때문이다. 그래서 선제공격이 필요했다. 야전삽이나 철모로 먼저 휘둘러 기선을 잡는 것이 필요했다. 나는 말이나 싸움에서 절대로 기죽지 않고 앞장섰다.

그러니 초등학교 일 년 선배인 내 짝은 나를 선배 대하듯 했고 주머니 두둑한 용돈을 나한테 아쉽지 않게 써주었다. 나는 서울 병력의 콧대 높은 말과 행동을 가소롭게 보면서 허세만 부리는 싸움에서 절대로 뒤지지 않을 것이라는 자신이 있었고 앞장서서 설치며 훈련을 마칠 수가 있었다. 용돈에 대한 아쉬움도 동료의 두둑한 돈주머니가 아쉬운 대로 위로가 되어 주었다.

영창

논산훈련소의 훈련을 마친 후 새 군복과 군화를 지급 받고 이등병 계급장을 모자와 가슴에 달고 보니 세상을 다 얻은 기분이다. 군화가 홍일점 붉은색이고 290㎜쯤 되는 항공모함 같은 발끝이 제멋대로 헤엄치는 것으로 배당되어 바꿔 달라 말하니 발을 군화에 맞추라 한다.

대기하던 신병들이 모두 배치를 받아 트럭을 타고 모두 떠나도 나의 이름이 호명되지 않아서 뭐가 잘못되었나 불안했다. 오후가 되어서 교도대 자충이라고 발표를 한다.

그리고 한 상병이 와서 교도대 2중대가 전라도 출신이 대부분인데 그리로 배치되면 여러 가지로 유리하니 돈을 써야 한다며 돈을 요구한다. 처음부터 돈이 한 푼도 없는 터라 기발한 생각이 들어서 내가 훈련받던 막사로 들어갔다. 조금 전까지 호랑이 같은 조교가 나한테 "최 이병 어서 와." 하고 반긴다. 같은 기간병이 된 나한테 반색을 하면서 "어쩐 일이야." 한다. 내가 대뜸 "나 교도대에 배정 받았어요." 말하니 "그래 잘 되었네." 라고 말하면서 함부로 대하지 못하는 눈치다.

연대 조교들은 교도대 조교들을 부러워하고 껄끄러워한다. 업무상 항상 아쉬운 입장에 처하기 때문이다. 훈련 중 그 생리를 터득한 나는 돈을 빌려달라고 하면 통할 것 같아서 찾아간 것이다. 조교들은 자기 돈을 쓰는 것이 아니고 훈련병 호주머니에서 나온다는 것을 알기 때문이다.

"상병님 저 돈 좀 빌려 주세요 저 교도대 2중대에 배정 받았어요 그쪽에서 돈을 요구하네요."

말하니 대뜸 "그래 알았어." 말하고 "야 ,향도" 하고 부른다.

향도가 불이 나게 달려온다. "향도, 너 돈 좀 있어." 하고 손을 내미니 "네 알았어요." 말하고 자기 사물함으로 달려가 돈을 가져다준다.

기분 좋게 해결하고 이발을 하라고 하여 이발을 했으나 머리를 감을 곳이 없다. 찾아다니다 샤워장을 발견하고 들어가 보니 병장 하나가 머리를 감고 있었다. 나도 비누도 없이 머리를 감는데 대위가 들어오면서 누가 이 문을 열었느냐 호통친다. 그 병장은 불이 나게 옷을 들고 나를 향하여 "재가 열었어요." 하고 쏜살같이 달아난다. 그 장교는 변명하는 내 말을 무시하고 나를 끌고 막사로 들어가 뺨을 때리고 군홧발로 앞정강이를 수없이 걷어찬다.

그렇게 억울한 구타를 당했다. 대위는 그러고도 분이 풀리지 않은 듯 영창을 보내겠다고 무릎을 꿇리고 나간다. 나는 도망치지 않고 순진하게 빈 막사에 무릎 꿇고 그대로 있었다. 배치 받은 첫날부터 영창 가는 것 아닌가 떨고 있는데 훈련시켰던 중대장이 들어온다. 반가워서 일어서며 경례를 붙이니 "너 왜 여기 있어." 한다. 누명 쓴 경위를 말하며 "영창 보낸다고 합니다." 말하니 걱정 말고 나가라고 한다. 나는 호랑이 같은 대위가 무서워 그대로 머뭇거리며 "그 대위님이 이곳에 꿇어 있으라 했어요." 말했다. 그러자 중대장이 "쓸데없는 걱정 말아라, 내가 다 책임 질 테니 나가라."고 거듭 재촉하여 무사히 막사를 나왔다. 하나님께서 이렇게 구원의 손길로 훈련 받았던 중대장의 발길을 보내주신 것이다. 나는 죄 없는 누명을 쓰고 기간병으로 근무도 하기 전 영창 가야 할 처지에서 벗어났다. 그리고 영외에 있는 교도대 2중대 막사로 향하는 보급 트럭을 올라탈 수 있었다. 그렇게 기대 반 두려움 반인 마음으로 소속 부대로 향하게 되었다.

훈련 교관

논산훈련소 교도대 2중대 1소대에 배치를 받고 각개전투 조교로 화교 대 교육을 다녀온 후 동기생 중에서 나와 두 명의 신병이 차출되었다. 45분간의 각개전투 종합 강의 교안을 주면서 15일 동안 다 암기하고 테스트 받으라고 한다. 15일 동안 훈련을 가르치며 취침 전 밖에 나가서 암기한 것을 연습해 보곤 했었다. 15일 후 병사들 앞에서 실제로 훈련병 앞에서 종합강의를 하듯 테스트를 받아서 세 명 모두 합격 판정을 받았다. 그 시절엔 훈련 장교가 부족하여 자체적으로 학력과 똘똘함을 보아서 훈련관을 시켰었다. 한 사람은 한양대 화학과 재학 중이고 다른 사람은 서강대 미술학도였다. 월요일 첫날 일등병 모자 대신 교관 모자를 쓰고 교관 안장을 두르고 지휘봉을 들고 가슴엔 가짜 계급장을 달고 야외 훈련장 노천 종합강의 교단에 섰다.

m.1 사격을 끝내고 21일차 야외 각개전투 훈련을 받기 위해 200여 명의 훈련병이 새벽부터 원거리를 행군하여 왔다. 나는 긴장한 모습으로 앉아 있는 훈련병 앞 단상 위에 섰다. 훈련병을 책임지고 훈련시키는

선임 연대 조교 하사는 훈련병을 모두 일어섯 시키며 차렷 교관님께 경례, 하고 1966년 ○월 ○일 제 ○연대 ○중대 총 ○○○명, 사고 ○명 현재 ○○○명 오전학과 준비 끝, 한다.

▲ 월남 마을에서

내가 경례를 받으며 쉬어 하고 연대 조교는 훈련병을 향하여 쉬어 하고 내려간다. 그러면 나는 훈련병을 향하여 "모두 제자리 앉아." 하고 "밥들 많이 먹었나. 원거리 각개전투 교장까지 새벽부터 오느라고 수고 많았다. 나는 교도대 2중대 교관 최정호이다." 이렇게 말하며 시작한 강의는 별다른 실수 없이 첫날을 무사히 마치며 훈련교관으로서 신병 생활이 시작되었다.

참으로 격세지감이 실감났다. 엊그제까지 호랑이보다도 무섭고 두려웠던 연대조교들이, 심지어 오늘부터는 하늘 같은 선임조교인 하사의 부동자세의 보고를 받으니 말이다.

같은 내용의 강의는 45분간 매일 이어지니 숙달이 되어서 훈련병들이 명강의고 이렇게 훌륭한 교관의 강의는 처음이라는 칭찬을 수없이 들었다. 매일 종합강의가 끝나면 관례적으로 연대조교들이 교관 앞에 일렬로 선다. 하루의 훈련병의 일과를 교도대 조교들한테 맡기고 꿀맛 같은 휴식의 시간을 가질 수 있기 때문이다. 부동자세를 취하려는 조교들을 향하여 나는 얼굴을 바꾸고 "자유롭게 하세요." 라고 말한다. 조교들은 달라진 나의 얼굴 표정에 안심하고 담배도 피우고 자유로운 분위기가 된다. 내가 "모처럼 야외 나왔으니 마음껏 즐기며 목구멍 때도 벗겨야지요." 말하면 "어디로 갈까요." 묻는다. 나는 "감나무 집으로 가세요." 라고 알려준다. 그러면 "같이 갑시다." 말한다. 나는 훈련병 통제 때문에 교장을 못 떠나니 우리 쪽 계산만 하라고 한다.

우리 병사 11명 식사와 막걸리 두 말, 돼지고기 7~8근이라고 말을 한다. "알았습니다. 수고하세요." 라고 말하며 하루의 휴식과 회식을 위하여 신이 나서 몰려간다. 훈련병을 돌려보내고 막사로 들어갈 때 주모가 나를 부른다. 오늘 얼마를 받았고 도합 얼마가 되었다고 말하는 것이다. 나는 알았다고 말한다.

나는 외출하였을 때마다 동생들한테 용돈을 주었었다. 그래도 집안이 어려워 셋째 여동생이 중학교를 그만두었다는 말을 들었다. 그렇게 생긴 돈으로 훈련이 없는 토요일은 고참들이 나를 데리고 막걸리집을 순회를 하면서 한 사람당 한 말씩 마시면 내가 다 계산을 하였다. 그렇게 훈련교장에 나가면 내가 왕이고 즐거웠으나 내무반에 들어오면 지옥이었다. 군번이 빠른 선배들이 이유 없이 군기 잡는다고 휘두르는 줄빠따 때문이다.

일주일이 멀다 하고 야전 곡괭이 자루를 물에 담근 후 바지를 벌거벗기고 엉덩이를 한번에 20~30대씩 휘두르니 엉덩이가 터지고 피가 마를 날이 없이 구타가 계속되었다. 이런 구타에 견디지 못하고 두 명의 병사가 탈영을 하였다. 이를 계기로 상부에서 고참들의 무자비한 폭행을 알게 된 것이다. 중대장이 졸병들의 소원수리를 받아서 처리를 한 것이다.

나는 중대장 면담을 요청하였다. 면담 중 중대장이 무엇 때문에 면담을 요구했느냐 묻기에 정기 휴가를 보내주든가 속히 월남에 보내달라고 했다. 중대장은 휴가는 차례가 오면 가는 것이고 월남은 왜 빨리 가려느냐고 묻는다. 자원 신청한 월남이니 빨리 가고 싶다고 말하니 알았다고 말한다. 가정이 너무 어려워 전장에 나가서 죽으면 부모님 노후가 보장되는 일이고 살아서 돌아오면 큰 경험이 되고 봉급도 무시할 수 없기 때문이다.

▲ 월남에서 동료와

동생이 학교를 그만두어서 집에 가보아야 할 것 같다고 말하니 집안이 어려워서 거기에 휩싸여 미귀대할 확률이 높다고 생각했나 보다. 면담 후 일주일 만에 월남파병 입대 통보를 받았고 희로애락으로 점철된, 짧고도 화려한 논산훈련소 일등병 조교가 아닌 훈련교관의 훈련소 생활에 종지부를 찍었다.

보통 군인들은 차출 통보를 받으면 논밭을 팔아서 빼내려고 달려오는 부모님이 계시지만 나는 정반대로 자진하여 목숨을 걸고 월남전장 속으로 발걸음을 내디뎠다.

씨름꾼

수색 작전을 나가지 않는 날이면 가끔씩 씨름을 하였다. 나는 팔다리가 왜소하고 어깨도 보통이어서 힘이 세지는 못했다. 그러나 싸움이나 씨름은 누구를 겁내 본 적이 없었다. 그렇다고 남보다 월등하지도 못하니 씨름판에 무조건 나가지는 않았다. 그래도 우리 소대의 몇몇은 나를 알아준다.

소대 본부 소속인 전라도 부안에서 온 일등병이 있는데 모든 면에서 촌티를 벗어나지 못하는 우직한 친구다. 배우지 못한 것 같고 미련하게 보이는데 씨름을 하면 중대에서 1, 2등 안에 들었다. 소대본부 선임 하사와 소대장 그리고 하사들의 사랑을 받으니 기고만장하여 식사시간에 안하무인으로 설치는 것이다. 아니꼽게 생각한 나는 야전 식판으로 갑자기 그 일병의 머리를 후려쳤다. 이렇게 싸움이 벌어졌다. 그 일병은 군화를 신었고 나는 맨발이다. 일병은 군홧발로 정강이를 차면서 달려들었다. 눌렀는가 싶으면 올라오고 밑에 깔리는가 하면 올라오고 승부를 못 냈다. 역시 씨름꾼답게 세기는 세다. 그렇게 무승

부가 되고 말았다.

전쟁터라 무조건 계급으로 누를 수 없는 게 현실이었다. 내가 먼저 후려쳤으나 나는 상병이고 그 친구는 일병이니 아무리 일병 편을 들고 싶어도 위계질서상 유야무야 끝나고 말았다.

한번은 산악 전투에서 더운 날씨에 이틀 동안 산악을 누비다 보니 물통 2개가 바닥이 났다. 헬기가 탄약통에 담은 물을 내려 앉지 못하고 공중에서 떨어뜨리고 날아간다. 적의 포화의 표적을 피하기 위해서다. 물통은 엉뚱한 곳으로 떨어지든가 바위에 떨어져 박살이 나서 물이 쏟아져 버린다. 그래서 바위 틈새로 이어진 계곡 밑의 물을 발견하고 맨 아래 병사가 물통에 물을 담고 그리고 한 통 한 통 올리면 그 다음 병사가 채우고 나서 올리는 것이다. 그러나 중간에 소대장이 중단시켰다. 시간이 지체되어 적의 표적이 될 확률이 높아서다.

맨 밑의 병사는 물을 실컷 마신 후 자기 물통 2개를 채우고 그 다음은 역시 그렇게 채우다 보니 맨 위에서 분대의 물통을 모아 가지고 기다리던 나는 허탕을 쳤다. 철수하라는 명령으로 수통을 채우기는 고사하고 목을 축일 수도 없었다. 그러나 밑이나 중간층의 병사들은 물을 실컷 마시고 수통 2개씩 가득 채워 싱글벙글이다.

나는 갑자기 상병의 허리춤의 물병을 꺼내면서 "물 좀 마시자." 했다. 그 상병이 일병인 나에게 "새까만 쫄짜가 겁 없이 까분다."고 말하면서 뒤로 밀친다. 나는 화가 치밀어 그 상병의 목을 두 손으로 밀치며 주먹으로 실컷 두들겨주었다. 그리고 "전장에서 전우가 물을 나누어 마시는 것은 당연한 것 아닌가." 했다. 소대 분대장이 나 보고 들어가서 보자고 말한다. 화가 날 대로 나 있는 나는 대뜸 "까불지 마, 쏘아버릴 수가 있어." 말하며 째려보았다. 소대 분대장은 못 들은 체 한다. 그리고 귀대하고도 말이 없었다.

한번은 우리 일 분대가 화기 분대로 지원을 나가게 되었는데 화기 분대장이 우리 분대장 이 병장한테 부하 다루듯 반말로 지껄이며 텃세를 부린다. 참호 속 막사라 불도 없고 깜깜하니 누가 누구인지 말소리를 들어서 알 수 있었다. 나는 누워서 그 병장한테 "야, 인마. 우리 분대장도 같은 병장인데 네가 왜 대장질 하는 거야." 우리 병장을 대신하여 말싸움으로 언쟁이 벌어졌다.

나는 싸움에 자신이 넘쳐서 누워 있는데 갑자기 그 병장이 내 목을 두 손으로 누르고 머리로 7~8번 박치기한다. 순간적으로 나는 기절을 하였다. 정신이 들면서 맞받아 헤딩을 하니 주춤하는 사이 용써서 겨우 내가 위에서 누르고 주먹으로 내려치려고 하는 순간이었다.

그때까지 관망하던 분대원들이 벌 떼처럼 엉기면서 뜯어말렸다. 주먹 한 번 못 날리고 끌려 나오다시피 밖으로 나왔다. 피투성이로 만신창이가 된 내 얼굴에 그 분대장이 물통을 머리에 부으며 분대원들이 보는 앞에서 무릎을 꿇고 병장 분대장이 상병인 나한테 살려달라며 용서를 빌었다. 나는 길길 뛰면서도 말로만 죽인다고 떠들고 손을 대지는 못했다. 무릎 꿇고 비는 상급자를 때릴 수는 없었다. 나보다 계급이 밑이라 하여도 무릎 꿇고 용서를 비는 사람을 때릴 수 있는 성품은 못된다. 그 일로 나는 3일간 의무대에 입원해 있었다. 우리 분대원들은 당연히 내가 그 친구를 묵사발 낸 줄 알고 이제는 되었겠지 하는 마음으로 뜯어 말렸다고 했다.

내가 전투 중 부상을 당하여 후송병원으로 후송되어 팔다리가 묶여 움직이지 못하고 누워 있는데 그 병장이 과일 바구니와 마실 것을 한 보따리 가지고 들어온다. 깜짝 놀라서 여기는 웬일이냐 물으니 자기도 질병으로 입원했는데 중하지 않아서 취사반장을 맡고 있다고 한다. 병장은 저녁마다 한국에서는 구경도 못하는 그 귀한 대형 파인애플 통조림을 가지고 병실에 올라와 나를 극진하게 보살폈다. 내가 자기보다는 싸움에 능하다는 것을 알았을 것이다. 그렇게 헤딩으로 가격 당하고도 자기를 짓누르는 것을 체험하여 알았을 것이다. 심신이 지쳐 있는 나에게 보복을 하지 않은 그 친구의 손길은 감동으로 다가왔다.

기회

월남전 전투에서 부상을 당하여 4개월간 병상을 지키다 제대했다. 집안에서 좋은 취직자리가 있으니 제대하라고 한다. 그 시절은 취직하기가 매우 어려운 때라 그 말이 가슴을 설레게 하였다. 군에서 상이등급을 받고 제대를 했어야 편하게 세상을 살아갈 수 있는 것이다. 가벼운 부상자는 군에 복귀시킨다는 소문이 떠돌았다. 나는 분위기에 휩싸여 제대를 했다. 나는 해당도 안 되지만 취직자리가 보장된다는 말이 한몫을 했을 것이다.

하루는 우연히 집 옆에서 문관을 만났다. 문관이 나를 알아보고 쌀 한 가마만 주면 상이 일급을 받아주겠다고 한다. 내 형편에 충분히 가능했지만 취직시켜 준다는 그 말에 신경을 쓰지 않았다. 사실 상이용사 중 가끔씩 애매모호한 유공자들을 볼 수도 있는 것이 현실이다. 이렇듯 절호의 기회를 별다른 신경을 쓰지 않고 흘려보내고 말았다.

이렇듯 취직자리는 내 인생의 발길을 이리저리 옮기고 붙들고 뒤흔들었다. 생각해보면 아쉬움도 많았지만 노후를 생각해 본다면 득이 되었다는 것을 변명할 수 없다.

상이 일급의 수당은 간호 수당을 합하여 월 700여만 원이다. 이런 액수이면 내가 기고만장하고 겁 없이 설쳤을 것이다. 술을 좋아했던 나로선 건강을 유지하지도 못했을 것이고 분명히 싸움을 두려워하지 않는 성격에 큰 사고를 쳤을 것이다.

이 모든 일들이 하나님께서 나를 선한 길로 인도하신 것이라고 생각한다. 이렇게 노후에 시인과 수필가로 시를 쓰며 수필집을 준비하는 것도, 날마다 더 좋은 건강을 주시는 것도 하나님의 은혜이다. 개똥밭에 구르듯 선하지 못하게 살아왔지만 야곱을 택하시고 축복하신 하나님은 뒤돌아보면 언제나 신원하시고 섭리하신다는 것을 나는 알고 있다.

천사의 손길

월남 전장에서 내일을 기약할 수 없는 병사에게 한 가닥 빛처럼 희망이 되어주었던 초록 펜글씨의 연서가 있었다. 얼굴도 모르지만 연분홍 물안개 피어나는 목소리가 귓가를 간질거리듯 언제나 긴 백지에 초록물감 펜글씨로 수를 놓은 시를 보내왔다. 초록 펜글씨는 걸레처럼 지치고 힘든 수색 작전과 매복으로 만신창이가 된 병사의 땀방울을 씻어주고 그네를 태워 구름 속까지 밀어주었다.

어느 날 긴 두루마리에 변함없는 초록 펜글씨로 군중한테 떠밀려 신을 처형한 빌라도처럼 그렇게 등 떠밀려 이별을 암시하는 시를 띄워 보내오고 속삭임은 바람의 구름이 되었다.

창자가 터지고 무릎에 파편이 박히고 오른팔 골절과 허벅지와 발목을 헤집는 수류탄 폭발로 후송병원 침대에 팔다리를 묶인 채 중상이자로 가료를 받던 오밤중에 한 장교 신부님이 찾아와 나보고 필요한 것이 없느냐 묻는다. 아무것도 없다 하여도 그래도 필요한 것이 있는지 생각해 보라고 거듭 말하여 생각해 보니 내의를 갈아입은 날이 여러 날 된 것을 알고 팬티와 메리야스가 필요하다고 하였다. 이튿날 신부님이 5~6벌의 내의를 보내왔다. 고실고실한 내의를 갈아입으니 기분이 한결 좋아졌다.

밤 12시 전후에는 간호장교가 내 침상 옆에 와서 물끄러미 바라보다 돌아간다. 매일 그랬건만 나는 아무런 이야기도 걸지 못했다. 사실 중상을 당하여 아무런 감정도 우러나지 않아 부모가 나타난다 하여도 별로 반가울 것이 없을 것 같은 백치 상태에 무슨 말을 할 수 있었을까. 지금 같으면 열두 번도 말을 걸었을 것이다. 그 장교도 별다른 말도 없이 잔잔한 미소만 띄우곤 했었다.

가벼운 목례와 간단한 말로 기분이 어떠세요, 정도로 대화는 없었지만 밤마다 찾아주는 간호장교가 위안이 되었고 기다릴 때도 있었다. 그러다가 어느 날 사진 2장을 건네준다. 침대에 누워 있는 내 옆에서 내가 모르는 사이 자기가 서 있는 모습을 누군가가 찍어 장교에게 전해준 스냅사진이다. 몸 상태가 중하여서 별다른 생각을 못하고 그 장교의 연락처도 알아보지 못하고 침대에 누운 채 귀국 비행기를 타게 되었다.

대구육군병원에 안착하자마자 적십자 아가씨가 다가온다. 얼굴도 예쁘고 대단한 몸집에 큰 키를 가진 빼어난 미인이었다. 그 시절은 살집이 좋아야 미인이던 때여서 보기가 좋았다. 무엇보다도 말씨가 유별나 솜사탕처럼 달콤하고 연한 배 속처럼 생글생글 마음을 사로잡는다. 오아시스를 만난 듯 부상병들의 한 송이 꽃이 되어 환자들을 사로잡아 마음을 훔쳤고 나한테는 유독 눈에 뜨이게 친절하다고 느꼈다. 분명 착각은 아닌 것 같았다. 나보고 자기의 음악 감상실에 들르라고 권하여 목발 짚고 들러보니 음악 감상하는 병사들이 눈을 감고 음악을 듣고 있는데, 내 취향하고는 맞지 않아 돌아오고 말았다.

며칠 후 광주병원으로 많은 환자들을 이송하게 되었는데, 병원 앞 넓은 공터를 그 큰 덩치의 어깨 위로 손을 감은 나를 적십자 아가씨가 부축하여 대기하고 있는 앰뷸런스로 이동하는 광경을 보려고 환자들이 손을 흔들고 괴성을 지르며 휙휙 휘파람을 불어댔다. 그렇게 석별의 아쉬움이 아니고, 간호사와 나를 향한 시기와 야유가 대단한 환송이 되면서 구급차에 실려서 군인전용 열차에 실려 나는 광주육군병원으로 이송되었다. 이렇게 적십자사 아가씨 인기가 절대적이었고 그 아가씨는 눈에 띄게 유별나게 나한테 잘해주었다.

광주육군병원으로 이송된 나는 출퇴근하는 영외 조간호사의 특별한 관심과 사랑을 받았다. 출근하는 아침마다 병실에 들어서면 제일 먼저 나한테는 다가온다. 자는 척 뒤집어쓰고 있는 시트를 들추고 귓속말로 내 귀에 입을 대며 "우리 귀염둥이 잘 잤어." 하고 인사를 했었다. 이렇게 인사하고 손과 발이 불편한 나의 얼굴을 씻겨주고 내가 거동이 편해지면 무등산 절경을 돌아보자고 약속하는 등 시간가는 줄 모르는 봄날이 계속되었다. 다른 환자들의 심한 시기와 질투를 받으면서도 즐거운 시간을 보내다가 어이없이 뜬 바람에 휩쓸린 동료들과 제대를 신청하고 작별인사도 없이 병원을 떠나고 말았다.

훈련 받을 땐 돈 많은 옆 친구가 쌈지가 되어 주고 기간병으로 배치받은 날에는 훈련소 중대장이 영창에서 나를 구해 주었다. 훈련소 조교 시절은 황하벌을 주름잡던 유선식 병장이 나를 끼고돌아 고참들의 이유 없는 기합과 괴로움에서 바람막이가 되어 주었다. 월남전에서는 인간성이 별로인 선임 하사가 유독 나는 아끼고 손잡아 주었다. 이렇듯 군대 생활을 하는 동안 힘들고 어려울 때 성령께서 그때그때 위로의 손길을 통하여 힘이 되어 주신 것이다. 하나님께서 천사의 손길로 위로하신 것이다.

어깨

1971년 8월 23일. 실미도 특수부대 장병들이 부대를 이탈하여 청와대 진출을 시도하여 노량진 유한양행 앞까지 이르러 대치하다 좌절된 날이다. 방송에서는 무장공비가 유한양행까지 진출했다고 예비군 소집령이 발동하여 서울 장안이 벌집을 쑤신 듯 뒤집어졌었다. 그날 나는 노량진 파출소에 억류되어 있었고 마누라는 둘째를 등에 업고서 유리창 밖에서 울고 있었다.

그날도 야채 행상을 마치고 둘째형님하고 간이매점에서 막걸리 한 잔씩 마시고 있었다. 그런데 한참 인기가 있어 여유 있는 사람들이나 타고 다니는 삼천리 호 자전거가 다가왔다. 빈 손수레에 자전거 바퀴를 대면서 대뜸 "야, 이 새끼들아. 이거 치워." 호통을 친다. 형님이 벌떡 일어나며 "야, 인마. 왜 반말이야." 대드니 그 남자는 형님 배를 향하여 주먹을 휘둘렀다. 형님은 단 한 방에 뒤쪽 고랑으로 나자빠진다. 그리고 일어서지도 못하고 손으로 배를 움켜쥐고 "정호야, 저 새끼 죽여 버려라." 한다. 나는 일어서며 "너, 이 새끼 오늘 죽은 줄 알아." 하고 싸울 자세를 취했다. 그 남자도 선글라스를 벗고 팔을 걷어붙이고 정식으로 싸울 자세를 취하기에 내가 먼저 주먹 원투쓰리를 날렸다. 순간 남자의 얼굴이 묵사발이 되면서 꼬꾸라진다. 남자는 조금 지난 후 비실비실 일어나면서 "너, 그대로 있어. 애들아, 이 새끼 꼭 잡고 있어." 말하고 병원을 향하는 것 같다. 그 당시는 건축 붐이 일어나 곳곳에 우후죽순으로 새로운 집들이 들어서고 있었다.

나중에 안 일이지만 그 사람은 박 상사라는 별명을 가진 상사 출신으로 고약하기로 소문이 난 건축가 오야지로 그 휘하에 삼십여 명의 젊은이들을 데리고 있었다. 무궁화를 단 경찰들이 시경에 여러 명이 있어서 그 배경으로 장승배기와 상도동을 주름잡고 여러 사람들이 피해를 당하는 일이 많았다 한다. 자기 오야지가 당한 것을 본 젊은 떼거리 이십여 명이 나를 둥그렇게 둘러싸고 손과 발을 휘두를 듯 위협을 가한다. 나도 맞아야 쌍방 과실이 될 것 같아 달려들며 주먹을 휘두르면 물러나며 맞장 뜨지 않고 자리를 못 뜨도록 한다.

파출소에서 경찰과 방범대원이 출동하여 누가 가해자냐 묻기에 그 쪽 패거리들이 형도 함께 지명하기에 아니다, 나 혼자다 말하고 동행하였다. 박 상사는 이비인후과에서 삼주 진단을 받아 오고 시경에서 친구들이 여러 명이 왔는데, 오는 친구마다 파출소장이 경례를 붙인다. 그 친구들은 말하기를 때릴 것이면 뺌이니 두어 대 때릴 것이지 그러다 죽으면 어찌하려고 그랬느냐 점잔하게 한마디씩 한다.

갓난이를 들쳐 업고 대책 없이 울고 있는 마누라를 보면서 가볍게 즐기던 술도 끊고 걸어오는 싸움도 응하지 않고 피해야겠다고 다짐했다. 내가 먼저 걸어 본 싸움은 없으나 걸어온 싸움은 마다하지 않았었다. 진단이

삼주라 노량진 경찰서로 넘어갔고 하룻밤을 지새우며 하나님한테 간절히 기도했다. 다음날 수사과장이 취조를 하면서 지나는 말처럼 훈장 받은 일 없느냐 물었다. 나는 엉겁결에 없다고 대답했다. 그런데 나는 군대에서 무공훈장을 받았었다. 그 당시는 군정시대라 무공훈장이면 택시도, 우선 순위 중한 범죄도 면죄되는 시절이건만 그것을 까맣게 잊고 있었다. 빈손으로 아홉 식구를 벌어먹이는데 정신이 없어 다른 생각을 못했었다. 지금 생각하면 그 훈장으로 무조건 풀려났으면 기고만장하여 더 큰 사고를 쳤을지도 모른다. 그래서 하나님이 무공훈장 받은 것을 까마득하게 잊고 있도록 한 것이다. 자중하라고 훈장을 기억에서 지우신 것이다.

아버지가 그 상사와 부인을 찾아가서 아홉 식구의 끼니가 걸려 있다고 사정하여 불구속으로 풀려나왔다. 훈장 이야기만 했어도 무조건 풀려나고 아버지가 아무 죄도 없이 아쉬운 사정을 말할 필요도 없었을 것이다. 사실 싸움을 걸어온 것도 주먹을 휘두른 것도 박 상사다.

그렇지만 박 상사가 나한테 깨진 다음부터는 지나칠 때 야유나 휘파람을 불어대던 패거리들이 갑자기 조용해졌고 마을 사람 모두가 잘 패줬다고 대리만족을 했었다. 밤마다 술 퍼먹고 싸움판이 벌어지는 신림천 무허가 뚝방 마을에서도 내가 갑자기 어깨나 된 듯 위상이 높아졌다. 장승배기 박 상사를 KO시켰다는 소문이 퍼졌기 때문이다.

그러나 나는 그럴 위인은 못된다. 사실 그럴 능력이나 자질은 없는 것이다. 그 일 이후 즐기던 술을 멀리하고 걸어오는 싸움도 피하였고 가끔은 언성을 높일망정 절대로 주먹을 휘두르지는 않았다. 어릴 적부터 이유 없이 싸움을 걸어 본 기억은 없으나, 그 일 이후엔 걸어오는 싸움도 주먹을 휘두르지 않았다.

나락

7, 8세 때 일어난 이야기다. 나는 어려서부터 몸이 허약하여 병치레를 수없이 했었다. 몸이 아파서 누워 있는데 눈만 감으면 깊고 어두워 무엇이라고 표현하기 어려운 무서운 곳으로 빨려 들어가서 두려워 눈을 뜨고 일어나 서성거렸다.

우리 집은 크지만 남의 소유였다. 안방을 나와 대청을 건너 옆방으로 돌아다녀 보아도 무서움이 사라지지 않았다. 엄마나 놀러 온 아가씨들은 이런 나를 안중에도 없는 듯 이야기꽃을 피우고 있는 것이다. 아마 대단한 고열로 인한 열병인지도 모른다. 도움을 줄까 봐 쳐다보건만 자기들 이야기에 정신이 팔려서 나한테는 관심조차 없다. 안타까운 눈길을 보내건만 엄마나 누구의 눈길도 마주쳐 주지 않았다. 내가 나락을 헤매며 허둥거려도 전혀 나와는 무관한 사람 같았고 왜 그러느냐 손잡아 준다든가 물 한 모금 먹여 주는 사람이 없었다. 마지막 그날은 누구도 도움을 줄 수도 받을 수도 없다는 것을 하나님께서 예시해 준 것이다.

1969년 겨울, 신림동 뚝방촌 허술한 무허가 집에서 일어난 일이다. 역시 끝이 보이지 않는 어둡고 깊은 허공으로 빨려 들어가는데 황급한 그리고 애절한 아내의 목소리가 들리며 나를 흔들어 깨운다. 아무리 헤쳐 나오려고 몸부림쳐도 자꾸만 빨려 들어가는데 억지로 정신을 가다듬고 몽롱한 상태로 돌아보니 아내가 나의 상체를 받치고 있었다. 허술한 방바닥과 벽 사이에 틈새가 생겨서 연탄가스를 들이킨 것이다. 초저녁에 일어난 일이어서 변을 모면한 것이다. 리어카에 몸이 실려 병원으로 향하던 중 뒤가 마려워 강변에 주저앉아 변을 보니 정신이 들어서 집으로 돌아왔다.

한번은 잠을 자다가 꿈속에서 전신주 고압선에 머리가 닿는 순간 딱 달라붙어 새까맣게 숯이 되어 죽고 말았다. 이렇게 죽었구나, 체념하는 순간 깨어났다. 또 한번은 내가 죽 같은 끝이 보이지 않는 수렁 속으로 한없이 빠져 들어가면서 숨 쉴 수가 없어 이렇게 죽어 가는구나 생각하다 꿈에서 깨어났다.

이렇듯 네다섯 살 적 앞대산 물속에서 절벽의 산사태로 물속에서 물에 빠진 친구를 구하려다가 죽음을 맛보고 질병, 사고로 꿈속에서 그 날을 생각해 보게 하셨다. 분명한 것은 죽음이 끝이 아니고 나락 있고 이 땅을 떠나 먼 우주에 본향이 있다는 것이다. 거할 곳을 위하여 예비하러 올라가신다는 예수님의 말씀을 믿고 잠깐의 허심을 버리고 그날의 소망과 영광을 바라보라고 다시 한 번 깨닫게 하시는 것 같다.

칼국수

1970년대 초, 내 벌이가 시원찮아 집사람이 젖먹이 둘째 딸을 데리고 주로 칼국수를 밀어서 아홉 식구의 끼니를 해결하였다. 누구나 즐겨 먹는 쌀이야 나의 벌이로는 벅차고, 외국의 원조로 들여온 밀가루가 저렴하니 자연스럽게 밀가루가 주식으로 둔갑한 것이다.

그것도 적은 양의 밀가루를 가지고 많은 식구의 배를 채우려면 최대한 밀가루 반죽을 얇게 밀어서 양을 불려야만 했다. 아내는 나무 방망이로 밀가루 반죽을 보름달같이 둥글게 밀어서 썰었다. 최대한 가늘고 일정한 크기로 반죽을 써는 빠른 손놀림이 달인을 방불케 하여서 속으로 늘 감탄했었다.

그러던 어느 날, 아내는 이마에 땀방울이 송송 맺힌 채로 평소와 다름없이 열심히 밀가루 반죽을 방망이로 밀어 늘리고 있었다. 그러다 나를 쳐다보는가 싶더니 연기하는 것처럼 히히히 웃는 것이다. 나는 불길한 생각이 스쳐서 손끝으로 아내를 살짝 밀치며 “왜 그래?” 하고 물었다. 그와 동시에 집사람은 옆으로 힘없이 쓰러지면서 정신을 잃고 만다. 정신이 번쩍 들어서 집사람을 흔들어도 아무런 대답이 없다. 멀쩡하던 사람이 금세 축 늘어진 시체가 되어서 아무런 반응이 없는 것이다.

▲ 1980년 정방폭포에서 아내와

나는 정신없이 허둥대며 리어카를 끌어와 집사람을 싣고서 병원으로 내달렸다. 당시는 택시도 귀하고 전화도 없어 등에 업고 뛰거나 손수레가 유일한 방법이었다. 병원에 데려가니 의사가 못 먹어 생긴 영양실조라고 말하고 주사를 놓아주면서 잘 먹어야 된다고 말한다. 먹을 줄 몰라서 못 먹는 사람이 어디 있으랴마는 의사는 그렇게 말하는 것이다.

집사람은 젖먹이에게 영양을 빼앗기고, 부모님과 동생들 대식구를 먼저 챙기느라 언제나 허기진 상태로 배를 채우지도 못하였다. 그럼에도 짜증이나 힘들다는 표현은 물론이고 투정 한 번 한 일이 없었다. 언제나 밝고 환한 낯으로 어려운 살림을 뒷바라지하면서 그렇게 영양실조로 쓰러지고만 것이다. 잠시 후 아내의 정신이 돌아와 집으로 데리고 돌아왔다.

이제는 냉장고마다 알 수도 없는 저장된 음식물로 가득하고 배가 불러서 못 먹으니 1970년대 어려운 삶이 까마득한 옛날이야기처럼 가물거린다. 그렇게 힘들었어도 그 시절이 그립고 아름다운 것은 지나간 젊음이 소중하기 때문일 것이다.

대쪽 신념

1970년대 초, 나는 상도동 일대에서 이른 아침부터 야채와 청과를 팔려고 골목을 누볐다. 아직 세상이 잠들어 있는 꼭두새벽에 매일 한강 인도교를 건너 용산 청과시장에서 물건을 뗀 다음 손수레에 가득 싣고 다시 인도교를 건너서 판매를 하던 시절이다. 그 시절 한 단골 아주머님에 대한 이야기다.

내가 야채와 과일 사라고 외치면 동시에 기다렸다는 듯이 맨 먼저 대문을 열고 나오셔서 개시를 해 주시는 아주머니가 있었다. 어느 때는 식사를 하시다가도 나오실 때도 있어서 일부러 나한테 개시를 해 주시려는 것을 알 수 있었다.

아주머니는 단 한 번도 물건 탓이나 값이 비싼데 싸게 해달라고 말씀하신 적이 없었다. 또 나는 매일 세탁한 새하얀 남방셔츠를 입고 다녔는데 내 깔끔한 차림을 칭찬하실 때도 있었다. 그렇게 허물이 없는 사이가 된 후 어느 날, 아주머니가 시장할 테니 식사를 하고 가라고 한다. 나는 염치를 무릅쓰고 집에선 구경도 못할 풍성한 식탁을 대접 받았다. 그 후 나는 가끔 허기가 몰려오면 천연덕스럽게 대문을 두드렸다. 그러면 아주머니는 언제나 웃으시고 어서 와요 하며 성의껏 풍성한 밥상을 차려 주시곤 했었다.

아주머니 남편 되시는 아저씨는 공군 중령 출신으로 대한항공 과장으로 근무하고 있었다. 취직하기 어려운 그 시절 우리 내외를 대한항공에 취직도 시켜 주셨다. 그런데 과장 모집에 1/150을 뚫고 들어왔는데도 이십 년 가까이 진급을 못하고 자기가 입사시킨 평사원이 과장이 되는 동안에도 만년 과장으로 재직하고 있는 것이다.

아저씨는 6 · 25 때 오산 비행장에서 미 공군 통역 장교를 거쳐 중령 시절, 대령으로 진급하려면 윗분에게 인사를 하라는 말을 듣고 군인이 그런 법이 어디 있느냐고 제대를 했다고 한다. 제대 후 보니 대한항공에서 과장을, 한국 마벨에서 상무를 모집하여 두 군데 모두 1/150의 경쟁률을 뚫고 합격하고 처음 두 곳 모두 재직하다 큰 회사인 대한항공을 택하였다 한다.

처음엔 두 곳의 월급을 시장에 나가서 써도, 써도 돈이 줄지 않아 주체를 못하여 고민이 많았다고 웃으시며 말씀하시는 아주머니의 이야기를 듣기도 하였다. 그러나 아저씨는 명절 때마다 윗사람한테 선물하는 것이 좋다고 주위에서 귀띔하여 주어도 실력이 우선이라고 수용하지 않았다고 한다. 그리고 아주머니마저 윗사람을 찾아가지 못하도록 하여 평생을 과장으로 계시다가 훗날 차장 대리로 정년퇴직하신 것이다.

박정희 대통령 시절, 우리나라 공군 전투기를 자체 생산하려고 청와대에서 대한항공에서 제일 머리가 우수한 사원을 차출하여 보고하라는 명을 내렸다. 당연히 그 과장님이 차출되었고 과장님은 미국에 들어가 2년여간 연수를 받고 창원에서 대한민국 공군 제1호기 제공호를 제작하는데 주역을 맡았다. 그런 두뇌를 가진 분을 윗사람한테 인사가 없다고 만년 과장으로 홀대한 것이다.

상도동이 개발된 후 아파트가 들어서고 개인신상정보 보호법이 제정되어 소식이 두절된 아주머니와 아저씨를 도저히 찾을 길이 없다. 너무 아쉬워 8년 전 가요무대에 출연하여 사연을 밝혔으나 아직도 소식이 없는 것이다.

두 분이 살아 계신다면 85세 전후가 되실 것 같고 자녀는 정옥, 정란, 정미 딸 셋에 아들을 하나 두셨다. 아들 인수는 고대 졸업 후 엘지에 근무한다 하고, 막내 정미는 학원 영어 강사라는 소식을 전해 들었다. 자녀들 모두가 오십 대로 추정되지만 알 길이 없다. 불의와 타협할 줄 모르며 가난하고 힘없는 이웃을 외면하지 못하는, 이 세대에 찾아보기 힘든 아름답고 귀한 분들이셨다.

굴비

품속을 파고들던 추위가 물러가고 산과 들에 진달래, 복숭아, 살구꽃이 흐드러질 무렵 교회 청년들이 봄나들이를 가게 되었다. 삼십이 넘은 기혼자와 이십대 중후반 총각·처녀들이 대부분으로 이대일의 남녀 비율로 나 홀로 17세 애송이가 거기에 합세하여 20여 명 남녀가 소풍을 떠났다. 그 시절은 개발이 안 되어 인가가 보이지 않는 지동리 어느 야산 자락에 자리를 잡았다.

솥을 걸고 밥과 찌개를 직접 하게 되었다. 나이가 지긋한 청년들이 앞장서 솥을 걸고 물을 떠오고 나뭇가지를 모아 오고 불을 지피는 등 함께 거들어 주었고 처녀들이 밥과 찌개를 하게 되었다. 찌개는 그 당시에도 귀한 대접을 받는 굴비찌개를 하게 되었는데 굴비는 기름기가 없는 데다 맛이 칼칼하고 담백하여 누구를 막론하고 싫어하는 사람 없이 좋아하는 고급 요리다. 지금은 굴비라고 해야 눈과 꼬리만 있는 피라미 같은 잔챙이 씨알들인데 그 시절에는 눈 씻고 찾아도 구경조차 할 수 없는 송사리에 불과했다. 지금 시세로 따지면 한 마리가 몇 십만 원이 넘는 손바닥 길이가 넘는 것들로 모두가 월척이었다. 십여 마리 가까이 준비했으니 요즘 가격으로 셈하면 몇 백만 원이 넘고 귀하여서 감히 살 수도 없을 것이다.

당시 나라의 형편은 기아선상에서 허덕이던 시절로 농촌은 더욱더 하루 삼시 세끼 감당하기도 어려운 형편들이었다. 굴비도 고급이었지만 금쪽같은 쌀값에 비하면 그렇게 비싸지는 않았다.

굴비가 너무 커서 세 토막을 내었고 솥 바닥에 고사리를 넣고 그 위에 굴비 토막을 가득이 넣고 파를 썰어 넣고 고춧가루를 뿌리고 불을 지피니 구수하고 달콤한 굴비 익는 냄새가 뱃속에 회를 동하게 하였다. 그 당시만 하여도 남녀칠세부동석이라는 말이 실감나던 시절이었다. 남자는 남자들끼리 둘러앉았고 처녀들은 처녀들끼리 둘러앉아 식사를 하게 되었다. 밥그릇이 먼저 날라 왔고 다음에 굴비찌개를 여자 청년들이 날라다 주었다.

남자 청년들은 날라다 주는 밥과 찌개를 받아서 먹게 되었는데 찌개 그릇을 보니 알이 통통 배어나는 중간 토막은 눈 씻고 보아도 보이지 않고 큼지막한 대가리와 꼬리만 가득 그릇을 채우고 있는 것이다. 그래도 누구 하나 일어서서 알이 터져 나오는 가운데 토막을 덜어오지 못하고 생선은 어두일미야 농담을 주고받으면서 당연한 듯 점잔을 빼며 불평 없이 맛있게 밥그릇과 찌개 그릇을 비우고 있었고, 여자 청년들은 집에서는 기껏해야 대가리나 뒤적거리고 국물이나 겨우 맛볼 수 있으련만 예수 믿는 은혜로 갑자기 황제가 된 기분으로 만찬을 즐기는 것이다. 각자 집에서는 감히 엄두도 못 내는 굴비의 가운데 토막을 가득 담아 킥킥 웃음을 참으며 마음껏 배를 채웠고 속으로 쾌재를 불렀을 것이다. 난생 처음 예수님 덕분에 여자가 아닌 왕 같은 식사를 하게 된 것이다.

사실 나는 청년에 끼일 나이도 아니지만 교회의 청년들이 귀하여 청년 모임에 같이 오게 되었다. 나이도 어릴 뿐더러 저들과 자주 어울리지 않아서 하루 종일 형님 같은 청년들과 누나 같은 처녀들 틈에서 서로가 존댓말을 주고받았다. 어색했지만 그래도 오래도록 기억에 남는 하루가 되었다.

3 구름에 달 가듯이

마른장마

한낮에 드러낸 허기진 배때기
잡풀 우거져 고라니 뛰노는데
장대 연 올라탄 바람난 장맛비
보글보글 가마솥 누룽지 탄다

뺑튀기 천둥 번개 날벼락 때려도
넓은 마당 뿌리는 한 줌의 땀방울
모래알 개미 성 넘지 못하고

가뭄에 콩 나듯 한 조로 장맛비
단풍 드는 콩밭 불 지르고
만사된 구름떼 보따리 싼다

알몸된 태양 독 올라 성깔 부리고
속옷 벗는 대아호 팬티 하나 걸친 채
한주먹 깔딱 심장 쪽박 된 호수
물바가지 들고 도적 떼 꼬인다

졸아도 절반은 먹고 간다

새벽에 교회에 나와서 한자리를 쳐다보면 언제나 고개 떨어뜨리고 졸고 있는 한 여 집사님의 피곤한 모습을 볼 수 있다. 파리 날리는 철물점을 아침부터 저녁까지 지키는 집사님이다.

세 자녀와 어렵게 살아가는 젊은 집사님이다. 남편의 사회생활이 신앙과 더불어 복합적으로 여러 면에서 마음에 들지 않아 조화를 이루지 못하는 것 같다. 그렇게 자녀들과 힘들게 살아가도 주일에는 어김없이 가게 문을 닫는다. 한 번도 주일날을 범해 본 적이 없는 신실한 집사님이다. 또 하루도 빼놓지 않고 새벽 제단을 지킨다. 비록 졸고 있을망정 새벽 기도를 빼놓지는 않는다.

집사님이 경영하는 철물점은 큰 동서로부터 경제적인 부담 없이 물려받은 것이다. 손님이 없어 때로는 가게를 닫고 알바를 다닐 정도다. 하천부지의 가게도 루핑으로 엉성하게 꾸며진 무허가 건물이다. 그러던 어느 날 건물 주인이 헐값으로 인수하라 하여 별 부담 없이 자기 소유의 건물이 생겼다. 갑자기 명실상부한 철물점 사장님이 된 것이다.

그런 와중에 인맥이 많은 안수집사님의 도움으로 제대로 방과 가게를 꾸몄다. 바짝 쪼그라든 움막이 번듯하고 산뜻한 집으로 탈바꿈한 것이다. 거기에 언제까지나 낡은 단독 주택과 허름한 무허가 빈민촌으로 남을 것 같던 동네에 갑자기 아파트가 들어서게 되었다. 아파트가 들어서니 부동산 가격이 뛰어올라 중산층 마을로 탈바꿈했다. 주민이 늘어나고 가게를 찾는 손님이 많아지기 시작했다. 그러니 자연스럽게 소득이 불어나기 시작했다.

어느새 가게는 주위에서 부러워할 만한 명실상부한 철물점이 되었다. 단조롭던 철물의 종류도 수요를 충족시키려고 다양한 종류를 들이고 물량을 늘였다. 부동산 가격이 뻥튀기하듯 뛰어올라 집사님으로서는 상상도 못할 부동산을, 그것도 자동차 도로와 인접한 점포가 있는 주택을 소유하게 되었다. 셋방살이에서 부담 없이 마련한 가게를 리모델링하여 남는 가게를 세를 주고 번듯한 자기 소유의 거실과 가게를 갖게 된 것이다.

지인들로부터 동정의 눈초리에서 함부로 대할 수 없는 부러워하는 시선을 받는 여사장님이 되신 것이다. 그 집사님이 자랑하는 말이 새벽에 교회 나와서 졸기만 하여도 하나님의 복을 절반은 먹고 들어간다고 한다. 날이면 날마다 졸면서도 새벽 기도를 거르지 않은 모습에 하나님의 긍휼하심이 때가 되어 나타난 것이다.

구름에 달 가듯이

한 여집사님이 있었다. 마른 체격에 호리호리하며 약간 큰 키에 조금은 검은 피부로 누구의 시선도 받을 만한 외형적인 조건도 없고, 행동마저 유별난 점이 없었다. 드러나지 않는 미소, 들릴 듯 말 듯 한 목소리, 어떤 감정도 표출되지 않는 말투, 허세가 가미되지 않은 웃음으로 누구로부터 특별히 주목을 받을 만한 점이 없는 분이다. 넉넉하지 못한 가정의 평범한 주부다. 대학 진학을 앞둔 큰아들이 있다. 아들이 특별히 공부를 잘하는 것도 아니고 형편에 여유가 있는 것도 아니다. 이렇다 보니 처음부터 아들을 위하여 학비 걱정이 없는 육군사관학교를 목표로 기도를 하고 있었는지도 모른다. 평소에도 교회를 지키며 기도하시는 것이 하루의 생활이 되어 있는 집사님은 아들이 시험 보는 날, 시험이 끝날 시간까지 자리를 뜨지 않았다. 하나님의 은혜로 아이큐 100밖에 안 되는 아들은 무난히 사관학교에 합격했다. 등록금 걱정 없이 오히려 월급을 받아가며 사관학교를 다니게 되었다.

1학년 때는 성적이 전체의 하위권을 맴돌았으나 2학기부터는 하나님이 새벽 기도를 시작할 마음을 주셔서 동료 사관생들을 규합하여 새벽 기도를 시작했다. 새벽 6시에 기상하여 8시간의 정규교육과 훈련을 소화하기도 힘들고 기상시간을 맞추어 다른 생도보다 한 시간 이상 먼저 일어나야 하는 고행은 보통 인내로는 어려운 것이다. 일분일초의 꿀송이 같은 단잠을 포기한다는 것은 여간한 결심이 아니면 불가능한 일이다. 다른 생도들은 눈에 불을 켜고 책과 씨름할 시간에 기도한다는 것은 그만큼의 불이익을 감수해야 하는 것이다.

그러나 생사화복이 하나님 손안에 있음을 믿고 하나님의 은총을 강구하는 간절한 마음으로 하나님 앞에 무릎 꿇고 하루의 학과를 시작하는 것이다. 헌데 교수들이 새벽 기도를 만류하고 으름장을 놓았다. 일찍 일어나면 예습과 복습으로 시험을 준비해도 모자라는데 무슨 새벽 기도냐고 적극적으로 막았다. 규율이 엄하기로 소문난 사관학교에서는 모두가 호랑이보다도 무서운 영관급 하늘 같은 선배, 교수들이 아닌가. 그러나 집사님의 아들은 이 모든 악조건을 감수하고 새벽 기도를 계속 이어나갔다.

교수들의 염려는 기우에 지나지 않았다. 시험지 앞에 앉으면 배웠던 문제의 답안이 떠올라 날마다 성적이 일취월장했다. 그러다 보니 교수들이 대하는 태도가 부드러워지기 시작하였다. 집사님 아들은 4학년 때 전체 수석을 했다. 새벽 기도를 마치고 시험지를 대할 때마다 문제의 답이 머릿속에서 선명하게 떠올라 자연스럽게 만점을 받을 수 있었다.

솔로몬이 지혜를 구하듯 기도로 지혜를 구하니 날마다 지혜와 건강을 주신 것이다. 이렇게 하나님 은혜로 무사히 졸업을 할 수 있었다. 그래서 1학년 때 성적이 하위를 맴돌았어도 4년 동안 합산하여 전체

중 5등을 하게 되었다. 덕분에 육군참모총장 상을 받게 되었다. 이렇게 대통령상부터 사관학교장상을 받는 생도들의 부모님은 졸업식에 초청되는데 집사님은 대통령 내외분의 바로 뒤 중앙에 자리를 배정 받았다. 이렇듯 집사님 아들은 부모님에 대한 예우를 최상급으로 높여주었고 전 생도가 사열하고 대통령이 보는 앞에서 당당히 상장을 받고 소위로 임관했다. 집사님은 대통령 바로 뒤 중앙에 자리하고 대한민국 최고의 경호를 받으며 육군참모총장 상장을 받는 아들의 영광을 남편과 함께 누렸다.

사관학교를 졸업하고 소위부터 시작한 아들은 모든 엘리트 코스를 거치면서 하늘의 별처럼 모든 군인의 여망인 별을 바라보면서 어느새 육군 중령이라는 고급장교가 되었다. 이런 광경을 목격하면서 그 집사님, 아니 이제 권사님이 된 그 어머니의 기도가 평범한 대학도 어려운 실력의 아들을 서울대보다 어려운 사관학교를 보내고 상위 성적으로 졸업시킨 것이다.

집사님은 누구와도 사소한 말다툼이나 얼굴을 붉혀 본 일이 없어 젊어서부터 교회의 권사님 감은 박 집사 한 사람뿐이라고 모두가 한결같은 말들을 하였다. 권사 투표 때 누구 하나 반대를 표시한 사람은 없는 듯했다.

이런 권사님을 보면서 마치 구름에 달 가는 의연한 모습을 보는 듯했다. 권사님은 여전히 구름과 비바람이 몰아쳐도 흔들릴 줄 모르고 태양처럼 발발거리지 않고, 밤하늘의 별들처럼 새침할 줄도 모르며, 구름에 달 가듯 하신다. 주위에 휩쓸리지 않고 묵묵히 기도로 한평생을 살아오는 권사님은 참으로 이 세대의 절실한 그리스도의 표상인 것이다.

성령의 역사도 모르나

내 주변에 한 교우가 있다. 성실하고 부지런하기로 따지면 나 같은 사람은 흉내도 못 낸다. 모든 예배를 빠지지 않고 새벽 기도도 개근이다. 그리고 무슨 모임이고 빠지지 않으며 봉사마저 앞장서는 집사님이다. 이러니 목사님 내외분으로부터 각별한 신임과 사랑을 받을 것이 분명하다. 이런 성도들 때문에 목사님은 힘이 불끈불끈 솟을 것이다. 아마 목사님이나 교회에서 부탁이 들어온다면 한 번이라도 아니라고 말하지 않을 것이다. 내가 부러워할 만큼 진실한 교회의 일꾼이다.

그런데 내가 그분한테 이해가 되지 않는 이야기를 들었다. 성경 속에는 수많은 기적과 이적이 있는데 예를 들어 죽은 나무에서 어찌 꽃잎이 피어날 수 있겠느냐는 식이다. 그분은 의학적으로 과학적으로 인정하는 부분만 수용하는 것 같다. 어떻게 썩어서 냄새나는 심장이 어찌 다시 뛰고 피가 흐르겠느냐 하는 식으로 나에게 동의를 구한다. 세상의 지식으로 이해가 안 되는 부분은 믿지 않는 것 같았다. 그분은 책

읽는 것을 즐기고 그래서 상식적인 의학이나 과학에도 남다른 지식이 있는 것 같다.

나는 하나님이 무에서 유를 창조하시고 흙으로 사람을 창조하셨는데 불가능이 있겠느냐 대답하고, 나는 성경 어느 곳 어떤 내용도 단 한 번도 의심해 본 일이 없다고 말했다. 그 집사님은 내 말을 들으며 별다른 말이 없었다.

사실 나는 어려서부터 성경 이야기나 하나님 말씀 어느 한 소절도 의심해 본 적이 없다. 왜냐하면 하나님은 하나님이시니까. 그러기에 하나님 말씀을 믿고 따르려고 힘쓰는 것이다. 처음부터 한 번도 의심하지 않고 믿을 수 있는 믿음을 주신 것도 나의 선택이 아니고 하나님의 선물이다.

내가 우연히 비봉교회에서 은퇴한 한 장로님과 일을 하게 되었다. 그분은 젊어서 장로가 되어서 이 지역의 장로 모임을 이끌었다고 자랑한다. 이 지역의 장로연합회장을 했었다 하며 교회와 연합회에서 자기가 행한 업적을 자랑하기에 대단한 장로님이시다 생각했다.

그래서 우리 목사님 이야기를 하게 되었다. 신학교 시절, 목사님은 등록금을 마련 못하고 마감 기한이 다가왔다. 막막한 상황에서 생면부지의 어느 정육점에 들러서 돈을 빌려주시라고 말했다고 한다. 그 주인은 두말없이 선뜻 한두 푼도 아닌 거금을 빌려주어 무사히 등록을 마치고 신학을 할 수 있었다는 성령의 역사를 말하여 주었다. 이렇듯 하나님은 어제나 오늘이나 필요에 따라서 성령의 역사로 함께 하신다고 그대로 옮겨 이야기하였다.

그 장로님 대뜸 하는 말이 "아는 사람이야. 그러니 빌려주었지. 맞아, 아는 사람이야. 그러면 그렇지." 라고 망설임 없이 거듭 강조하며 아는 사람이라 빌려주었다고 반복한다. 아는 사람이라고 무조건 거금을 선뜻 빌려주는 것은 아닐 것이다. 나는 무슨 말을 해야 할지 모르겠고 벽 보고 말하는 것 같아 말을 끊었다. 한 번도 성령의 체험을 못해본 장로구나 이런 생각이 들었다 무엇을 믿고 무엇을 기도하는지 창조의 하나님의 전지전능을 믿기나 하는 것일까. 성령의 역사하심을 알기나 하는지 의심스러웠다.

단골석

의왕에 있을 때 이야기다. 그때 다닌 교회에서는 예배 후 점심을 제공했다. 나이 많은 어른들을 위하여 식탁을 미리 차려 놓고, 100여 명 이상의 식당 홀에서는 자율 배식을 한다. 난 그 교회에 이사 온 지 얼마 안 되어 차려 놓는 자리에 앉았다. 그런데 옆에 앉은 한 60대 전후의 집사님 눈초리가 심상치 않다. 심기가 매우 불편한 눈치다. 나는 속으로 깜짝 놀라서 그 후로는 줄을 서서 차례를 기다려 자율 배식하는 식사를 했다. 나중에 안 일이지만 그 자리는 묵시적인 단골석이었다.

그 집사님의 남편은 지체가 불편한 분이시고 집사님이 수발을 하면서 식사를 하는 것이다. 그 자리는 모두들 알아서 앉지 않고 그 내외가 고정으로 앉아서 식사를 하는 것 같았다.

그러던 어느 날은 그 남편이 보이지 않고 자리가 비어 있었고, 자주 보이지 않았던 한 노인이 자리하고 식사를 하고 있었다. 그러자 식사 중인 그 할머니한테 수발들던 그 집사님이 다가가 뒤에서 껴안듯 귀에 입을 대고 말하는 것이다. “할머니, 여기 앉아서 식사하시면 안 되어요.

▲ 덕장교회 가을 소풍

오늘은 앉았으니 그대로 식사하시고 다음부터는 앉으면 안 되어요." 라고 말한다. 그 노인은 불편한 심기로 식사를 마치고 나가셨고 그 후로는 다시는 볼 수가 없었다.

그리고 그 주일 후부터는 신체가 불편한 그 남편은 예배에 참석을 안 하시고 볼 수도 없었고 부인 홀로 열심이다. 그렇게 지정 좌석은 유명무실하게 되었고 어쩌다 그 집사님이 나타나기도 하지만 자리에 연연하지는 않는 것 같다. 그리고 새로운 얼굴들과 기존의 얼굴들이 부담 없이 한데 어우러져 즐거운 점심식사를 즐기는 것이다.

신세

서울에 있을 때 이야기다. 새벽 4시 30분쯤이었다. 매일 4시 10분이면 도착하고 15분이면 출발하는 교회 버스가 오지 않아서 나는 7명의 성도들을 위하여 택시를 두 대 불렀다.

당연히 택시요금 두 대 만 원을 내가 지급하려고 부른 것이다. 새벽기도는 거의 빈손으로 나오기 때문에 다른 분들은 택시를 부를 형편이 되지 못한다. 그리고 대부분 노인들이라 핸드폰을 가지고 택시를 부를 방법도 모르고 그럴 열정도 없다. 택시 정원이 4명이라 할 수 없이 두 대를 불렀다.

그런데 성격이 조금 모나고 구역의 리더 격인 집사님이 나는 안 타고 집에 가서 자전거 타고 갈 거라고 뒤돌아 간다. 혼자서 자전거를 타고 가려면 택시를 부르기 전 돌아갔어야 하련만 유독 그렇게 티를 내는 것이다. 그분의 생각을 이해하기가 어려웠다. 나의 신세는 질 수 없다는 것이다. 자기가 타지 않는다고 내가 한 대의 택시비만 내는 것도 아니다. 이미 부른 택시고 자기가 타지 않아도 어차피 두 대가 필요한 것을 누구나 다 알 수 있건만 자기는 빠지겠다는 것이다. 자기가 빠진다고 내가 조금도 득을 보는 것도 아닌데 자기 홀로 유독 나의 신세를 지지 않겠다는 것이다. 같은 교회, 같은 마을에서 수년을 얼굴을 알고 지내는 교우들이련만 그렇게 유별나다. 그때 나는 강권하여 같이 택시를 타고 갔었다. 그러나 기분이 찝찝하고 개운치 못한 새벽이었다.

서열

서울에 내가 아는 박 장로라는 분이 있다. 주일은 물론 새벽 기도까지 열심히 다니는, 전형적인 신앙생활을 하시는 장로님이다. 그분이 어느 날 나와 만나서 자기 교회의 이야기를 자상히 들려준다. 아마 부흥하는 자기 교회의 자랑이자 은연중 자기의 위상을 드러내기 위하여 말하는 것 같았다.

그분이 다니는 교회는 오래 전부터 목사님과 성도들 사이에 불화가 있었고 그런 와중에 성도들이 나가고 들어오는 악순환이 있었다고 한다. 다행스럽게 새로운 담임 목사님이 열정과 기도로 목양을 잘하여 지난날의 상처들은 모두 치유되고 날로 성도 수가 늘어났다고 한다.

그러던 중 지난날 교회를 떠났던 선배 장로가 다시 본 교회로 돌아오고파 발을 놓아 받아 주실 수 있겠느냐 타진하여 왔다 한다. 그분은 장로 서열상 자기 위였고 발언권도 있어서 다시 돌아온다면 자기가 또다시 그 장로 밑으로 밀릴 것 같은 생각이 앞섰다고 한다.

날마다 부흥하는 교회의 서열상 어른 대접을 받으며 자부심을 가지고 신앙생활을 하고 있는데 다시 2위로 밀릴 형편이 되는 것이다. 그 장로 성격상 다시 어른 행세를 할 것이고 자기는 아랫사람으로 자기주장을 끝까지 관철시킬 수 없을 것이 불 보듯 분명하였다. 그래서 평신도도 아니고 장로까지 된 사람이 다시 돌아온다면 평신도한테 본이 되지 못한다고 끝까지 막았다고 말한다.

아마 자기의 존재와 위상을 알아달라고 말하는 것 같았고 자기가 그만큼 그 교회에서 발언권이 있다고 자랑하려고 말한 것 같았다.

아들을 기다리는 아버지의 마음, 탕자의 비유를 모르는 세상의 단면을 보는 것 같았다. 나는 매일 새벽 기도 때마다 앞장서 열심히 섬기다 어느 날부터 보이지 않는 네 분의 집사님과 두 가정 내외분을 위하여 기도한다. 잘은 모르나 무슨 아픈 사연이 있을 것 같아 축복해 주시고 돌아오게 해주시라고 기도한다.

그날

내가 초등학교 다닐 적 일이다. 항간에 세상 종말론이 횡행하던 일이 있었다. 아직 남다른 신앙심을 가지지 못하고 하나님의 말씀도 잘 알지 못하던 때였다. 불안한 마음에 젊어서부터 대단한 신앙으로 전라도 노회 순회 전도사로 시무하시고, 전주에서 큰 교회 여전도사로 시무하시는 이모님을 찾아가기로 했다. 이모님을 만나면 무슨 해답이 있을 것 같았다. 어릴 적부터 이런 생각을 한 것 자체가 예수님을 믿는 믿음이 있었나 보다. 그렇게 갑자기 찾아갔지만 이모님은 나를 보고 무서워서 찾아왔구나 하시며 반겨주셨다.

내 마음을 훤히 알아보시는 이모님의 통찰력을 감탄하면서 아무 말을 못하니 걱정하지 마라, 그런 일은 일어나지 않으니까 하는 이모님 말씀 한마디에 불안한 마음은 눈 녹듯 사라진다. 세상에서 제일 사랑하고 따르던 이모님을 더욱 존경하게 되었다.

1960년대에는 이모님이 전도사로 사역하는 교회에서 부흥성회가 열렸다. 그 교회 목사님께서 한 주간 예수님 재림에 대해 특강을 하셨다.

그 말씀이 모든 성도들을 감동시켰다. 훗날 한국 교회의 제일 큰 제단의 교회로 세계적인 부흥사로 이름을 날리는 목사님이다. 십대의 나는 그 말씀을 그대로 믿고 그 날을 기다렸으나, 그 날은 그냥 지나갔다. 그때까지도 하나님 말씀을 제대로 알지 못했기 때문이다.

1990년대에는 다미선교회의 휴거설을 방송에서 생중계하는 등 장안이 온통 들뜨고 술렁거렸다. 다미선교회에서 말한 휴거된다는 시간이 점점 다가오는 저녁에 큰사위가 불안한지 나한테 말을 건다.

"아버님 불안하지 않으세요. 어떻게 될 것 같아요?"

나는 웃으면서 예수님은 그렇게 사람한테 공포하고 오시는 것이 아니고 도적같이 오신다고 말씀하셨으니 걱정 말고 안심하라고 말해주었다.

큰사위는 교회에 나가지는 않아도 내가 교회 나가자 하면 네 하고 부정적인 말은 안 하는 사람이다. 내 말을 듣고 겸연쩍게 비시시 웃으며 안심하는 눈치다. 나는 전혀 신경 쓰지 않고 동요하지도 않았다. 초등학교 시절 불안에 떨었던 일이 가소롭게 생각이 났었다. 지금도 많은 목사님들이 말세지말이라 말씀하신다. 맞는 말일 수도 있다. 그러나 자기가 세상을 떠나는 날이야말로 엄연한 말세지말인 것이다.

여우 앞에 무릎 꿇고

1980년대 중반, 나는 유통공사 매장 생선 코너와 일층 시장 내에 2개의 점포를 가지고 있었다. 처음엔 하나의 점포를 가지고 있으나 우리 가게가 너무나 손님이 많아서 우리와 경쟁할 수가 없으니 우리보고 인수하라 권하여 그렇게 내가 독차지하게 된 것이다. 한 음식점 주인이 생선가게 주인이 한 사람이라서 경쟁이 필요 없으니 비쌀 수밖에 없다고 시장 소유주한테 항의하여서 시장 주인과 면담하게 되었다. 시장은 개인 소유이고 매년 임대계약을 체결하게 되어 있으나 재계약 권리금 등 모든 것을 입주한 상인들의 권리로 인정하는 곳이다. 사장이 하는 말이 시장 위아래 층 모두를 한 사람이 소유하면 보기도 그렇고 민원도 있을 수 있으니 하나는 양보하라고 한다. 그래서 입점할 사람만 나서면 넘기겠다고 말하였다.

그 당시는 장사가 잘 되어서 매주 십일조가 기하급수로 늘어났고, 그것이 재미가 있어서 매주 실명으로 헌금을 하니 교회에서 소문이 쫙 퍼졌다. 부러움과 시샘의 대상이 된 것이다. 한 주 간 수입이 1980년대에 오백만 원이 넘었으니 그럴 만하였다. 그래서인지 가게를 눈독들이는 사람이 많았다. 그중 사업과는 거리가 먼 집사님이 매일 찾아왔다. 나는 집사람의 반대를 무릅쓰고 가게를 넘기기로 하였다. 권리금도 저렴하게 요구하였으나 상대가 계약금을 일 할도 못되게 내놓으며 바로 드릴 테니 보아달라고 하였고 나도 돈이 궁색하지 않아서 그래라 했다. 집사님은 아무것도 모르는 생초보자라 내가 물건도 사주고 내 차로 실어와 진짜 욕심 없이 먼저 마음에 드는 것을 가져가라며 사심 없이 배려하였다.

그러나 손님들이 그쪽 가게는 가지 않고 모두가 우리한테만 오는 것이다. 그 집사는 자기도 시작하면 나처럼 수입을 올릴 수 있을 것으로 기대했으나 손님이 변함없이 우리 가게로 몰려서 파리를 날리고 있었다. 두어 달이 지난 후 보니 다른 사람이 가게를 다시 손질하고 꾸미는 것이다. 당신이 왜 가게를 다시 꾸미느냐 물으니 자기가 샀다고 말한다. 하도 황당하여 내가 주인인데 누구한테 샀느냐 말하니 그 집사한테 샀다고 말한다.

그 집사에게 달려가 어찌 된 일이냐 물어보니 가게를 감당하기 어려워 넘겼다고 말한다. 그래서 나한테 돈을 다 주었느냐, 계약금 10% 주고 팔아먹느냐, 넘길 마음이면 응당 나하고 상의해야 하는 것 아니냐고 따졌다. 그 집사님은 내가 이해해줄 줄 알았다고 한다. 나는 돈을 완불하고 팔아야지 남의 가게를 팔아먹느냐, 완불하지 못한 나머지를 지불하라고 독촉하고 돌아왔다.

다음날 목사님이 찾아와서 그 집사님 가족이 교회에 나오지 않겠다고 연락이 왔는데 나보고 책임지고 다시 교회에 나오게 하라고 한다.

내가 말하기를 남의 가게를 허락도 없이 팔아먹어도 되는가, 팔아서 돈이 생겼으면 가게 값을 주어야 하는 것 아닌가 했다.

목사님은 나는 그 돈 없어도 별 타격 없으니 교인 한 가족이 얼마나 소중한데 도와주었다 생각하시고 데려오라고 한다. 사실 그쯤이야 아무것도 아니라는 생각이 들었고 한 가족이 떨어져 나간다고 생각하니 마음이 편하지 못하여 목사님의 뜻을 따르기로 마음먹고 그 집사님 집에 찾아갔다. 그 시절은 다들 형편이 어려웠고 그중에서도 집사님은 딱한 편이었다. 축 처진 그들에게 내가 한 말이 부담이 되었다면 용서하시라고 말하였다. 돈 이야기는 다시 꺼내지 않을 테니 잊으시고 교회에 열심히 나오시라고, 나는 잘못도 없이 내 돈 날리면서 용서를 빌었다. 그렇게 그 가족은 다시 교회에 잘 나오게 되었다.

초가삼간을 태웠다

내가 운영하던 점포는 매년 재계약하는 임대 시장이고, 격주로 쉬었다. 지하에 있는 유통 공사 코너는 문제가 되지 않지만 시장이 문제였다. 매번 주일마다 가게를 닫으면 사업을 접을 수밖에 없었다. 우리가 독차지한 점포가 모두 쉬는 날엔 난리가 날 것이다. 그래서 한 점포는 아침에 문만 열어놓고 예배를 드린 후 오후에 장사를 했었다.

그렇게 내가 매주 내던 500여만 원의 십일조 헌금을 온 교회가 다 알게 되었고 그 십일조가 문제였다. 자기네들 월급의 4~5배가 넘어서 샘이 났는지 대표 격인 안수집사님이 주일성수를 안 하면 말이 되느냐 하며 목사님한테 제직들이 항의를 했나 보다.

하루는 목사님이 찾아와서 오후에 가게 문 여는 것을 접으라고 말씀하신다. 이곳에서 장사를 계속하려면 오후에 점포 하나는 어쩔 수 없다고 말씀드리니 그날은 그냥 돌아갔다. 그러나 교인들이 그것을 용납하지 않았는지, 목사님은 매일 찾아와 언제 가게 문을 닫을 것인가 물었다. 나는 화가 나서 가게를 모두 넘기고 이사하려고 마음먹었다.

이런저런 일로 내 마음은 교회에서 떠나갔고, 나는 다른 곳에 가서 사업을 하여도 잘될 것이라 생각하였다. 때마침 상계동에 상가 분양 광고를 보고 기도도 없이 계약을 하였고 미련 없이 가게를 옮겼다.

처음 일 년은 장사가 잘 되어서 가게를 넘기라는 사람들도 있었다. 그러나 일 년이 지나고 나니 썰물 빠지듯 손님이 줄어들고 파리를 날리기 시작하였다. 나중에는 그냥 넘겨도 가져갈 사람이 없었다. 관리비마저 벅찰 정도가 되었다. 그렇게 나는 쫄딱 망하고 말았다. 빈대 잡으려고 초가삼간을 태워버린 셈이 되었다.

기도하였다면 해결책이 있었을 것이건만 어린아이 같은 행동을 한 것이다. 그러나 이 모두가 주님의 뜻이고 섭리일 것이다.

시집살이

내가 네댓 살쯤 되었을 때 일이다. 아침 밥상에 둘러앉아 맛있게 밥을 먹고 있는데 할머니가 갑자기 수저를 놓으시고 두 주먹으로 자기 가슴을 치시면서 우는 시늉을 하신다. 그러자 아버지가 대뜸 어머니의 뺨을 치시고 머리와 등을 두들겨 패는 것이다. 나는 어려서 무슨 이유인 줄 모르고 할머니가 미워지기 시작했다. 그렇게 할머니는 어머니한테 시집살이를 시킨 것이다.

그러나 외할머니는 달랐다. 오시면 어머니한테 하시는 말씀마다 조청처럼 엉기는 음성으로 말씀하시고 나한테 하시는 말씀마다 사랑이 절절히 배어 있었다. 나는 외할머니를 천사 같다고 생각하였고, 친할머니는 나를 끔찍이 사랑하셨으나 나는 친할머니를 미워했다. 우리 어머니를 항상 욕하고 미워했기 때문이다.

나 어릴 적엔 처녀가 시집가면 이유 없이 미움의 대상이 되어서 학대를 받았고 독한 시집살이를 하는 것이 문화였다. 한 예로 며느리한테 독한 시집살이를 시키는 것으로 소문난 집이 있었다. 며느리를 두 내외분이 머리끄덩이를 잡아 구정물 통에 박아서 구정물을 먹이고 때리며 꾸짖는 소리, 며느리의 울부짖음이 우리 집까지 들렸다. 미나리 시궁창에 머리를 박아 시궁창 물을 먹였다고 소문이 나기도 했었다. 그러나 그 아들들이나 며느리를 눈앞에서 볼 수는 없었다. 세월이 흐르면서 더 이상 시집살이를 시킬 수는 없게 되었다.

그런 시집살이를 겪은 어머니는 자기는 며느리를 얻으면 절대로 시집살이를 시키지 않겠다고 입버릇처럼 말씀하셨다.

실제로 첫째 형수를 얻고 어머니가 형수한테 듣기 싫은 말씀하시는 것을 들어 본 기억이 없다. 둘째 형수는 한집에 살지는 않았으나 면전에서는 험담하시는 것을 못 보았다. 조카들 해복 간을 낮에만 가서 해주시고 언제나 버스를 갈아타시며 한 시간이 훨씬 넘는 우리 집에 오셔서 주무셨다.

하루는 밤중에 형님한테 전화가 왔다. 모처럼 어머님이 형네 집에서 주무시게 되었는데 형수와 언쟁이 벌어진 것이다. 형님의 첫마디가 빨리 와서 어머니를 모셔가란다. 네 형수가 어머니 때문에 죽게 생겼으니 빨리 오라는 것이다. 그렇게 형수와 어머니는 생활하는 방식이나 성품이 어울릴 수 없었다. 그래서 부딪칠 시간이 별로 없었고 자의 반, 타의 반으로 잔소리를 자제하시는 어머니였다.

어머니는 늦게 얻은 막내를 끔찍이 사랑했다. 우리 집에 사시면서도 언제나 입버릇처럼 막내가 장가가면 막내와 살 것이라 말씀하셨다. 그 말씀이 우리한테는 불편하다는 말로, 시집살이로 들릴 수 있지만 별다른 의미를 두지는 않았다.

막내가 신혼여행을 다녀온 자리에서 어머니가 이제 막내와 함께 살겠다고 말씀하셨다. 그러자 막내 제수가 대뜸 "형님 두 분이 계시는데 왜 우리가 모셔요." 반문한다. 이렇게 단칼에 싹을 자른다. 어머님은 홱 뒤돌아 앉으시며 시부랄 년 하신다. 막내며느리한테 하신 처음이자 마지막 싫은 소리이자 시집살이를 시키신 것이다. 어머님의 간절한 소망인 막내와 같이 살고 싶은 꿈은 백일몽이 되고 말았다. 이렇듯 어머님은 며느리가 싫어하는 말을 해도 억지를 부리지 않고 참으시는 성품이시었다.

내가 중동에 나갔을 때, 장모가 우리 집에 오셔서 한 달쯤 계시다 가셨다. 집사람과 어머니가 친구처럼 이야기를 나누며 다정하게 지내는 모습에 장모님이 질투가 나신 것이다. 장모님은 누가 친정어머니고 시어머니인지 모르겠다며 뒤로 돌아앉으셨다고 한다.

어머니는 그렇게 지내시다 막내 여동생 남편이 사우디에 몇 년간 나가 있게 되어 여동생이 혼자 지내기가 불편하고, 같이 지내고 싶다고 모셔갔다. 어머니는 그러다 교통사고를 당하여 병원에 계시다가 합병증으로 돌아가셨다. 평생의 말씀대로 며느리한테 시집살이시키지 않으시고 선한 시어머니의 삶을 향년 85세의 일기로 마감하셨다.

모함

▲ 바레인 바닷가

1981년, 바레인 공항에 대합실 문을 밀치며 밖으로 몸을 내미는 순간 끓는 밥솥 뚜껑을 여는 것처럼 후끈한 열기가 몸을 감싼다. 이런 곳에서 일 년을 견뎌야 하나 생각하니 순간 두려움이 앞선다. 그렇게 중동에서의 생활이 시작되었다.

공항과 해상에서 핸들링 하는 업무로 공항은 편하고 급여가 약간 높으며, 해상은 힘이 들고 급여가 공항보다 떨어진다고 한다. 그래서 근로자들이 해상에서 10개월쯤 일했을 때 보너스로 공항으로 자리를 옮겨주어 힘도 덜 들게 하고 급여도 높여 간단한 선물을 준비할 수 있도록 배려한다고 한다. 그것도 관리자의 눈에 들어야 돌아오는 소수의 근로자들에게만 해당되는 혜택이다. 나는 공항에서 일할 수 있도록 되어 있었다.

그런데 자리가 나지 않아 대기 상태로 당분간 해상에서 작업을 하게 되었다. 부두와 배의 밑바닥 화물 창고에서 주로 갈고리를 양손에 들고 두 사람이 한 조가 되어 곡식의 마대를 찍어 옮기는 작업이다. 둘이서 호흡과 동작이 맞아야 힘이 덜 들지만 나는 처음 해보는 작업인 데다 손발의 힘도 약한 편이고, 동료들은 이런 일에 숙달된 굵직한 무쇠팔이다.

나는 죽을힘을 다하여 기를 쓰지만 상대방은 나의 일하는 모습이 가소롭고 나 때문에 힘들 것이다. 그러니 입을 한시도 멈추지 않고 잔소리다. "허, 허! 이런! 뭣 하는 거야!" 나도 온 힘을 다하는데 핀잔이 도를 넘어가니 견딜 수 없었다. 날마다 이러니 참다 참다 하루는 폭발하고 말았다. 내가 일부러 못하는 것도 아닌데 너무하지 않느냐 대들었다. 그렇게 언쟁이 일어났다. 마음 같아서는 주먹을 휘두르고 싶었어도 참았다.

하루는 동료가 내가 공항으로 빨리 갈 수 있는 방법을 말해줄까 농담을 던지는 것이다. 나는 동료가 순수하게 농담하는 줄 알고 일을 못하는 사람은 그쪽으로 보낸다는 말을 들은 기억을 떠올렸다. 나는 어리석게도 별다른 생각 없이 "일 못하는 사람은 먼저 보낸다며."라고 말했다. 그러자 동료는 "무어야, 그래서 일부러 그러겠다는 거야?" 하며 대든다.

그런 일이 있은 후 숙소에서 쉬고 있는데 내 이름이 호명되며 공항으로 발령이 났으니 짐을 정리하여 휴게실에 대기하라 한다. 이 방송을 들은 말썽꾸러기인 한 동료가 "조용히 가려면 맥주 한 박스 사라." 한다. 그 말을 듣고 그래, 늦게 온 사람이 먼저 가서 미안하다며 기분을 맞추어 주지 못했다. 조용히 가려면 사라는 말이 협박같이 들려서 "내가 골이 비어서 맥주를 사니." 받아쳤다. 나는 한 번 발령이 나면 다 되는 줄 알았다. 그렇게 말하니 동료가 "어디 두고 보아라." 하는 것이다.

나는 그렇게 짐을 정리하고 휴게실에서 기다리고 있었다. 아무리 기다려도 다음 행동을 하라는 지시가 없다. 그러더니 발령이 보류되었다 한다. 내가 파업 선동을 하였다고 고발이 되었다 한다. 내가 내무반을 떠난 후 인민재판이 벌어진 것이고 일부러 일을 안 했다 싸움을 걸어왔다. 공항으로 가려면 일을 하지 말아야 한다고 선동하며 파업을 주도했다고 회사에 고발된 것이다.

그 당시 파업 선동을 하면 강제 귀국, 법정 구속이다. 일 못하는 사람을 공항에 먼저 보낸다는 그 말을 가지고 그 동료와 반장과 술 사라는 자가 엿 먹이려고 꾸민 계략에 걸리고 만 것이다. 해상 담당 차장과 반장이 친한 사이여서 힘이 막강한 차장을 반장이 꼬드겨 나같이 꾀부리고 파업을 선도하는 사람이 공항에 먼저 가면 회사가 어찌 되겠느냐 항의를 한 것이다.

나는 이렇게 누명을 쓰고 그나마 선처를 받아 삼 일간 정직을 당하였다. 그렇게 사흘을 보내면서 간절히 기도했다. 결과적으로 나는 부사장 사촌동생 강 감독의 주선으로 힘들기로 소문난 유조선 수리장에 배정되었다. 그렇게 힘들다는 일을 시작했으나 해상 일보다는 손힘이 덜 들어 오히려 수월했다. 강 감독이 자주 내 부서의 감독한테 나의 작업 태도를 물어보았고, 감독은 잘한다고 대답했다 한다.

강 감독은 집사 임명을 현지에서 늦게 받은 믿음이 뜨거운 사람이다. 부사장 동생의 배경으로 근로자를 위한 회사 내 교회를 개설하였으나 예배를 드리고 싶어도 인도할 사람이 마땅치 않았던 것이다.

▲ 바레인 사내 교회

육상 작업의 감독인 강 집사가 나를 자기 작업장으로 옮겨주었고 예배를 인도하게 하였다. 내가 양복 기술이 있어서 재봉틀을 마련하고 현장에서 돌아온 후 피곤한 몸으로 근로자들의 작업복을 수선하여 주었다. 힘들어도 강 감독과 힘을 합쳐서 봉사와 교회를 이끌어갔다. KBS 방송에 수기를 보낸 것이 채택이 되어서 송도순 아나운서가 낭독하는 라디오 프로에 나오기도 하였다. 일년을 채운 후 연장하라는 강 집사의 권유를 뿌리치고 귀국하였다.

하나님은 잠시나마 힘든 시간을 쪼개어 근로자를 위한 봉사와 예배를 인도할 수 있도록 부족한 나에게도 기회를 주신 것이다.

탄원

1980년대 초 개봉동 철산의 주공아파트 분양사무소 앞에서 대판 싸움이 벌어졌다. 내용인즉 아파트 분양 신청 필수 조건 중 두 자녀 이하만 해당된다는 조건이 갑자기 생겼다는 것이다. 정부의 두 자녀 이상 낳지 말고 둘만 낳아 잘 기르자 산아 정책 때문이다. 갑자기 두 자녀 이하만 접수를 받고 두 자녀 이상은 접수조차 받지 않으니 이렇게 싸움이 일어난 것이다. 청약저축 가입할 때는 없던 조건이 붙은 것이다.

대부분 자녀가 5~6명 이상이던 그 시절에 갑자기 두 자녀 이하여야 한다니 인정할 수 없어 사람들은 주택공사 직원들에게 거칠게 항의하였다. 주택공사 현장 직원들은 대답할 명분이 없고 자기들이 생각해도 불합리한 정책이라 답변을 못하고 우왕좌왕 아수라장이 되고 말았다.

나는 집에 돌아와 전두환 대통령 앞으로 장문의 편지를 띄웠다.

1. 모든 만사가 예령과 동령이 있는데 갑자기 동령을 발하면 어찌 대처하란 말인가.

2. 이미 낳은 자녀를 무슨 재주로 호적에서 지우란 말인가.

3. 아파트는 자녀가 많은 사람이 필요하다. 자녀의 교육상, 청소년 정서상 단칸방은 무리다.

4. 젊은이들은 얼마든지 자녀를 낳기 전 집을 마련할 기회가 있다.

5. 누구도 인정 못할 조항을 달아 규제한다면 어찌 국민이 믿고 따르겠느냐. 이렇게 모순되는 정책을 중단해야 국민으로부터 인정받고 존경 받는 대통령이 된다.

라는 편지다. 나는 이 정책이 대부분 서민들의 원성을 살 수밖에 없는 불합리한 정책이라고 말했다. 나의 탄원이 인정되어 바로 한 달 만에 두 자녀 조건이 사라진 것이다. 수도권의 여러 자녀를 둔 가정들이 불이익을 받지 않게 된 것이다.

그런 일이 있은 후 청와대에서 고맙다는 답신이 왔다. 좋은 정책을 제출하여 주어서 고마웠다며 앞으로도 좋은 고견을 부탁한다는 내용이다. 보통 편지봉투보다 큰 규격의 봉투에 붓글씨로 주소와 이름을 적어 부쳐온 것이다.

훗날 큰사위가 청와대에서 보내온 그 편지를 보고 놀라는 눈치다. 전두환 대통령이 비록 군부의 힘을 빌어서 대통령이 되었으나 사소한 합당한 민원은 바로 해결하여 주었다 한다.

산기도

내가 신학대학 다닐 때 학생회에서 산 기도 가자는 결의를 하고 관악산으로 향했다. 밤 9시 반쯤 봉천동 뒤쪽 산 날등선에 도착하였다. 멀리 서울 시내가 온통 꽃밭으로 물들어 있고 계곡에는 분간 못할 어두움이 내려 깔려 있었는데 군데군데 불빛들이 밤하늘에 잔별처럼 가물거렸다. 짐작하건대 무속인들이 촛불을 밝히고 제사를 드리거나 잡신들에게 기도를 치성으로 올리고 있으리라 하는 생각이 들었다.

신학생 수백 명이 마음을 합하여 몇 곡의 찬송을 부르고 난 후 흩어져 나무 밑이나 바위 틈에서 목소리를 높여서 기도를 시작하자 갑자기 온 산의 불꽃이 사라지고 칠흑으로 변하고 만다. 하나님을 찬양하는 찬송 소리와 예수그리스도를 부르는 기도 소리에 관악산에 온갖 귀신들이 꼬리를 내리고 자취를 감추어서 치성을 드릴 수가 없어 무속인들이 그 밤은 포기하고 하산한 것이다.

천상천하 만물을 창조하신 창조주 하나님의 권능과 예수그리스도의 이름이 얼마나 위대하신가를 새삼 체험하는 밤이었다.

1980년대 우리 형제들은 추석날 아버지 산소가 있는 벽제에서 새벽 5시에 만나서 어둠 속에서 예배를 드렸다. 조금만 지체되어도 꼬리를 물고 빨랫줄처럼 성묘 오는 차량들에 밀려 온종일 길 위에 있어야 하기에 다른 사람들보다 앞서서 성묘를 마치고 다시 큰형님 산소가 있는 용미리 공원 묘지에 도착하였고 맨 위쪽에 자리한 형님의 묘 앞에서 찬송을 부르는데 입구에 자리한 추모관에서 네댓 사내들이 밖으로 나와서 큰소리로 찬송을 부르지 말라고 외쳐대는 것이었다.

아마 조상의 귀신들이 찬송 소리에 찾아오지 못할까 봐 아니면 찬송 소리가 들리자 영적으로 느끼는 위압감에 못 부르게 설치는 것이다. 저들도 하나님이 만왕의 왕이시고 자기들이 섬기는 신들이 한 수 아래 정도가 아니라 미비한 존재라는 것을 알면서도 그렇게 모시고 섬기는 것이 이해가 되지 않았다.

황지

월남 전우 중 유일하게 사회에 나와서도 친교를 맺고 있는, 나보다 계급은 아래지만 나이는 4살 위인 박 상병이라는 친구가 있었다. 군대에서 그 친구가 상병일 때 나는 병장이었다. 그 친구는 항상 내 곁에서 잠을 자며 같이 작전에 임하고 그림자처럼 내 곁에 있었다. 나 또한 한 번도 말을 놓는 법이 없이 그 친구를 높여주었다.

내가 전투 중 부상을 당하였을 때 다른 전우들은 나를 업고 몇 미터 못가고 주저앉았는데 그 친구는 나를 끝까지 업고 뛰었던 성실하기가 둘째가라면 서운할 친구다. 내가 부상으로 중간에 귀국 후 제대하여서 연락이 되는 전우가 없었으나 그 친구는 내가 어렵고 힘들게 찾은 유일한 전우였다. 그 친구는 제대 후 동신 보일러에 일반 사원으로 입사하여 성실 하나로 공장장까지 오른 후 물러나 개인 회사를 차렸다. 그런 그가 나보고 경북 황지에서 주문이 들어와 발전기를 가지고 일을 나가야 하니 같이 가자고 요청을 해온 것이다.

내 픽업에 발전기를 싣고 난생 처음 경북 황지를 향하여 원거리 여행을 하게 되었다. 태백을 지나 첩첩산중을 넘어 가는데 눈발이 날리기 시작한다. 너무 산이 높고 골이 깊어서 눈이 쌓이면 봄까지 넘어오지 못할 것 같은 생각이 들어서 마음이 초조해지기 시작했다. 오전에 일찍 출발하여 날이 어두워져서야 도착하고 보니 다시 돌아올 생각을 하자 까마득하였다. 저녁 대접을 받은 후 차 한 잔 하고 쉬었다. 내일 돌아가라며 친구가 팔을 잡았으나 눈 쌓이기 전 험준한 산을 넘어야 한다는 생각에 망설임 없이 뿌리치고 서울로 향하였다.

목적지까지 오면서 황지에서 낙동강 발원지도 구경했으나 눈발이 하나 둘 떨어져 마음이 여간 심란한 게 아니었다. 험한 높은 산길에 눈이라도 쌓이면 어찌하여야 하나 생각하니 답이 나오지 않았다. 피곤한 몸을 이끌고 산길을 넘어갈 생각을 하니 두려운 생각도 들었고 감기 몸살 기운에 따뜻한 방에서 쉬고 싶은 마음이 굴뚝 같았지만 눈이 쌓이면 겨울 내내 포로가 되고 말 것 같아서 서둘러 출발한 것이다. 감기 기운에 몸살기까지 겹쳐서 약국에 들러 박카스 5병, 쌍화탕 5병을 샀다. 서울까지 피곤함과 감기를 이기려고 먹으면서 오려고 그랬다.

일단 험한 산길을 넘어 태백에 도착하면 그곳에서 잠을 자야겠다는 생각을 하며 차가 평지를 지나 산길이 가까워지는데 갓길에서 아기를 업은 여자가 손을 흔든다. 정지하니 차를 태워달라고 한다. 산을 혼자 넘기가 좀 그랬는데 반가운 마음으로 태우고 어디까지 가느냐고 물으니 산을 넘어 태백 못 미쳐까지 간다고 한다. 속으로 목적지가 서울이기를 기대했기에 실망했지만 같이 산을 넘어간다는 것만 가지고도 위안이 되었다.

태백에 도착해 중간에 그 여자를 내려주고 보니 욕심이 생겨 제천까지만 더 가자 마음을 정했다. 제천이 가까워지니 이번에는 원주까지만 더 가자 욕심을 또 부리고 거기서 다시 이천에 도착하여 쉬었다. 내일 아침에 돌아가자고 마음을 먹었다. 이천에 도착한 후에는 까짓것 피곤해도 아예 집까지 가자 다시 마음을 바꾸고 차를 몰았다. 우리 집이 김포공항이라 김포가도 허허벌판을 달리는데 라이트가 점점 희미해지더니 펵하고 라이트가 꺼지고 시동이 멈춘다.

집까지 약 500m쯤 남겨 놓은 거리에서 라이트가 희미해지고 속력이 줄어서 갓길로 조심스럽게 몰고 오다가 차가 멈춰선 것이다. 나는 그대로 차를 길가에 방치하고 새벽 1시가 훨씬 넘어서 집으로 돌아왔다. 아침 일찍 정비사를 부르고 보니 후왕벨트가 끊어져 배터리가 충전을 못하고 배터리 본체의 전기로 차가 움직이다 바닥이 나서 멈추고 만 것이다. 장거리 운전을 하면서 이웃에 나들이하듯 차량을 점검하지 못하고 출발한 것이 무리였지만 그래도 그렇게 먼 거리를 무사히 왕복하고 집 옆까지 도착한 것이 참으로 다행한 일이었다.

문경새재

내가 사업상 탑재함이 높은 1톤 트럭 세레스를 구입하자 친구가 안동으로 고추를 사러 가자고 했다. 나는 운전 경력이 2년도 채 못 되는데 그 친구는 십대부터 화물 트럭을 몰아온 베테랑급 운전 실력의 소유자다. 반면 나는 안동도 처음이고 고추의 질도 모르는 고추와는 아무런 지식이 없는 문외한이었으나 친구 말만 듣고 내 차를 몰고 친구와 함께 안동으로 향하였다.

안동시장에서 친구의 뒤만 따라다니며 그 친구가 고르고 흥정하고 30여 포대를 샀다. 한 포대가 100근을 넘는 것으로 생각되어 모두 2톤은 족히 되는 중량이니 적재량의 배가 되는 셈이다. 부피가 너무 커서 탑재함의 뒷문을 트고 높게 쌓아 밧줄로 얽어매었다. 그렇게 한나절을 보내고 해질 무렵에야 서울로 출발하게 되었다.

나는 운전할 자신이 없어서 친구 보고 운전대를 잡으라고 말하니 친구는 네 소유의 차를 왜 내가 운전하느냐며 막무가내로 나보고 운전하라고 했다. 자신이 없었으나 울며 겨자 먹기로 핸들을 잡았다. 그렇게 차를 출발하니 탑재함에 실은 짐의 중량이 적재량의 배나 되고 높이와 부피마저 초과되어 자꾸만 넘어지는 것 같아 페달을 밟을 수가 없었다.

친구 보고 야 내가 도저히 몰 수가 없으니 고수인 네가 운전을 하라고 사정을 하여도 들은 체도 않아서 할 수 없이 내가 그대로 몰 수밖에 없었다. 시작은 시속 10㎞ 못되게 밟아도 뒤집힐 것 같이 흔들렸다. 이런 속도로는 날이 새어도 서울에 도착할 수 없을 것 같았다. 억지로 겨우 차를 몰았고 30분쯤 지나니 적응이 되어서 20~30㎞ 속력으로 달리게 되었다.

일몰이 지나고 어두움이 지면에 깔리기 시작하는 시간이었다. 반대편 100여 m 전방에서 라이트를 켜고 택시 한 대가 무섭게 달려오고 있었다. 택시 앞에 손수레를 밀고 오는 두 사람을 덮치기 직전 방향을 내 쪽으로 바꾸고 중앙선을 넘어서 내 차를 스치듯 갓길에 세 사람을 끌어앉으며 3~4년 된 미루나무를 부러트리며 도로 밑으로 사라지고 만다.

브레이크 밟을 짬도 없이 일어난 눈 깜짝할 순간의 일이다. 가슴이 철렁 내려앉았고 정신이 몽롱해지는 듯했다. 십 년도 더 감수할 일이건만 친구는 태연하게 차를 세우라고 하는 것이다. 그리고 구경하고 가자 한다. 나는 너무 떨려서 구경할 마음은 고사하고 정지하고 내릴 여유는 조금도 없었고 운전하는 것 자체가 스트레스가 되는 것이다. 그렇게 벌벌 떨면서 문경새재 고갯길에 접어들자 도저히 고갯길을 몰고 갈 자신이 없어서 친구 보고 나는 이 고갯길은 죽어도 못 몰겠으니 네가 운전해라 사고 나면 나만 죽는 것이 아니고 너도 죽을 수 있다고 말했다.

그러니 그 친구가 "그렇게 되나. 그러면 종합보험 들었지?" 하고 물었다. "염려 마라. 종합보험 들었다. 종합보험은 누가 몰아도 보험적용이 되는 보험이다." 하니 그제야 운전대를 교대하여 준다. 그 친구가 운전대를 잡으니 그렇게 구불구불한 고갯길을 40~50㎞ 속도로 달리는 것이다. 나는 속으로 감탄을 하면서 그 친구가 새삼 존경스럽기도 하였다. 친구는 그렇게 문경새재를 거뜬하게 넘어와 다시 운전대를 나에게 넘겨주는 것이다.

옆에서 친구의 운전솜씨를 보면서 흔들림에 적응이 되어 수안보온천에 이르러서는 50~60㎞의 속력을 내었고 서울 가까운 고속도로에서는 그렇게 흔들림에도 100㎞ 가까운 속도를 낼 수 있었다. 하루 동안에 수많은 세월이 흘러간 듯 그런 느낌이 들었다.

장로선거

연초 강단에서 목사님께서 올 가을 최정호 집사님, 즉 나를 장로로 세우겠다고 공포하셨다. 그 당시만 해도 목사님이 세우겠다고 공포하시면 지금처럼 투표와 시험을 거치는 복잡한 절차를 거치지 않고 장로 임직을 할 수 있었다. 그러나 목사님은 그해 여름 불의의 사고로 소천하셨다. 그러자 오신 지 얼마 안 되는 부목사님이 당연히 담임목사직이 승계되는 줄 생각하고 사모님이 나한테 유난히 친절하게 다가왔다.

나는 부목사님과 독대하고 여집사님들이 빌려온 사채를 책임질 수 있느냐 물었다. 부목사님은 책임질 수 없다고 대답하여 나는 교회를 욕심내지 말라고 말하고 전도사님들에게 당분간 교회의 예배를 맡아 주시라 부탁하고 제직회를 소집하여 모든 전권을 위임받아 내가 생각하는 목사님을 만나기로 마음먹었다. 그 목사님이 40일 금식기도를 하고 돌아온 모습을 보고 난 뒤 나는 삼일도 금식을 못해 보았는데 대단하다고 생각하고 있던 참이었다.

찾아가서 형편을 말하고 부채를 책임질 수 있겠느냐 물어보니 기도

할 삼일 간 여유를 주라고 말한다. 삼일 후에 만나보니 응답 받았다고 말하여 교회로 모시고 설교를 들어보니 모두가 좋다고 찬성하여 노회의 추인을 받아서 목사 임직을 받았다. 부목사님은 다른 곳에 개척교회를 세우셨다. 새해가 되고 가을이 되어도 목사님 입에서 장로라는 장자도 나오지 않았고 나도 사업이 잘 되어서 장로라는 말을 까맣게 잊고 있었는데 다른 신도들은 소천하신 목사님이 공표한 집사님이고, 앞장서서 목사님을 모셔온 집사님이라 당연히 장로를 세울 것이라 생각을 했는데 말이 없으니 궁금하여 물어 보았나 보다.

하루는 목사님이 나 보고 집사님은 왜 쓸데없이 장로 세우지 않는다고 말하고 다니느냐고 책망하는 것이다. 나는 금시초문이라 무슨 이야기인가 되물으며 나도 모르는 이야기를 누구한테 들었느냐 항의하니 내 말을 믿지 않는 눈치다. 그리고 해를 넘기고 갑자기 장로 선거를 하게 되었다. 투표 직전 강단에서 목사님이 장로는 아무나 되는 것이 아니다, 영락교회의 ○○○장로 같은 훌륭한 분도 세 번이나 떨어지고 네 번 만에 당선이 되었으니 알아서 투표하라고 말씀하시었다. 말하자면 찍지 말라는 광고다. 그러나 나는 장로에 대한 미련이 없어서 아무 말 없이 지켜보고 있었고 당연히 낙선되고 말았다. 장로에 대한 욕심은 없었으나 땡감 씹는 기분이었다.

목사님이 오실 때 따라온 능력 있는 두 내외가 교회의 살림살이에 깊이 관여하고 있었는데 그 여집사님의 작품일 것 같아서 그 여집사님을 보자 하고 소식을 전하여 독대하여 물었다. "이 모든 것이 집사님의 생각이고 작품이지요." 물으니 숨기지 않고 당당히 예라고 대답하며 모든 교인이 집사님을 따르는데 장로까지 되어서 목사님 발목을 잡으면 안 될 것 같아서 그랬다고 한다. 그래서 내가 모셔왔고 내가 섬기는 목사님의 발목을 잡겠느냐 되물으니 유구무언이다.

어쩌면 자기 마음대로 교회를 좌지우지하고 싶어서 나를 장로를 세우지 말라고 코치했을 거라고 생각이 들었다. 아무튼 마음속에 생각지도 않던 장로의 회오리가 한바탕 나를 흔들고 지나갔다.

▲ 세 자녀와 함께

▲ 태국에서

4 불꽃같은 눈동자

가을 풍경

새매가 떴다 쏴 후드득
누렇게 머리 풀어 헤치고
삭풍에 쫓겨 골목 안까지
꽁지 빠지게 날개야 날 살려라

회리바람 올라타 하늘까지
창공을 수놓는 가창오리 떼
비보이 되어 하늘을 주름잡고
쏴 후드득 코 처박는다

누더기 걸친 우수수 낙오병
맨가지 오들대는 가랑잎
뒤안길 후미져 낮잠 청하다
하품하는 낙엽까지 갈퀴질하고

도리깨 휘두르는 타작마당
키질하여 바닥 쓸어 날리는
싸리비 움켜쥔 망나니 왕겨바람
한 뼘 남은 가을 꼬리 백호 친다

체질

나는 느끼지 못하는데 큰딸이 발음이 이상하다며 MRI 촬영을 해보라 권하여 하루는 보훈병원에서 촬영을 해보았다. 촬영해 보니 다발성 뇌경색 3급이었다. 담당 과장의 말을 흘려듣고 치료도 없이 일 년을 대수롭지 않게 여기며 경제 활동을 하였다. 그러던 어느 날 새벽에 응급실에 실려 갔고 일선에서 손을 놓으며 치료를 본격적으로 시작했다. 그러다가 5~6개월이 지난 후부터는 한의원에서 침을 비롯한 한방치료와 겸하여 양방치료를 시작하였다. 먼저 강남의 한 한의원에서 8체질 치료를 시작했다. 한의학에서는 보통 4체질을 구분하고 그 체질에 맞추어 치료를 하는데 이곳에선 8체질로 구분했다.

첫 번째로 음식물을 가려 먹었다. 해로운 닭, 돼지 등등을 금하고 이로운 야채들을 주로 챙겨먹기를 6개월 정도. 정성을 들여서 침도 맞고 음식을 가려서 먹었다.

가만히 생각해보니 짜증이 났다. 고기를 날마다 먹는 것도 아니고 일주일에 한 번씩 먹을 수도, 먹지 않을 수도 있는 것 아닌가. 그런데 왜 이렇게 매달려야 하나 의문이 생겼다. 그렇다면 이로운 음식을 매일 먹어도 별다른 효과가 없는데 해로운 음식이라고 말하는 것들은 어쩌다 막을 수 있는데 무슨 영향을 줄 것인가 생각한 것이다. 그렇게 생각한 나는 당장 해롭다는 돼지고기를 식탁에 올리라고 말했다. 그런 후로는 생각나는 음식은 아무것이고 즐겨 먹었다.

그리고 한의학에 매달리지 않고 신경과에서 처방받은 약을 꾸준히 복용하였다. 그렇게 생각을 바꾸고 나니 편한 마음으로 생활할 수 있었다. 이러다 보니 때로는 용한 침술을 받을 수 있는 기회가 생겨 효과를 보기도 했다.

무엇보다도 감사한 것은 내가 고향으로 내려올 수 있었던 것이다. 평소에 단 한 번도 고향에 내려오려는 생각을 해본 적이 없었고 살고 있던 경기도 의왕시에서 여생을 마치려고 생각했었다. 첫째, 교회와 목사님 내외분이 마음을 잡았고 둘째, 주거 지역에 있는 청계산 자락의 청계천과 하기천의 산책로와 넓고 쾌적한 공원이 마음을 잡았다. 여유로운 공간의 명품 아파트라고 소문이 난 곳에 거주하며 산책이나 가벼운 등산까지 부담 없이 즐길 수 있어 더 바랄 수 없는 좋은 환경이었다. 부자로 소문난 의왕시의 노인과 국가유공자에 대한 예우와 복지 정책까지 마음을 사로잡는 데 충분하였다.

그러나 어느 날 갑자기 일주일 만에 50년 전 떠나왔던 고향으로 내려오도록 발길을 인도하신 것이다. 한 번도 망설이거나 고민 없이 물이 흐르듯 모든 제반 절차가 이루어졌다.

이곳에 내려오니 오고 가는 거리나 교통에 걸리는 시간상 서울보훈병원에서 광주로 옮겨서 치료를 받아야 했다. 광주병원 신경과 과장의

▲ 늦가을 덕유산 정상에 서서

말이 쓸데없는 약들은 모두 빼 버린다고 했다. 서울에선 하루 17알이지만 여기서는 겨우 4알을 준다. 나는 불안하여 집에 와서 일단 서울 보훈병원 예약을 하고, 광주병원에서 준 약을 10일쯤 복용하였는데 항상 어지럽고 멍하던 머리가 맑아졌다.

서울 병원의 과장이 될 수 있으면 약을 많이 처방하여 제약회사로부터 리베이트를 받기 위하여 과잉 처방을 한 것인지 의술이 광주병원보다 미달된 것인지 알 수는 없었다. 약량을 줄일 수 있고 건강이 좋아진 것이 복이다. 그리고 물 좋고, 공기 좋고, 고향이라 사람이 좋아 날마다 나이와는 무관하게 건강이 좋아지는 느낌을 받고 있다. 서울서 내려온 것도 광주병원에서 좋은 과장을 만난 것도 이 모든 과정이 하나님의 섭리와 인도하심이니 감사할 따름이다.

노숙자

목사님이 어느 날 뜬금없이 60대 전후의 한 노숙자를 데리고 왔다. 이제는 어려운 이웃을 돌아볼 수 있어야 하지 않겠느냐 하신다. 그렇게 교인 한 사람이 늘어났다.

목사님은 전도와 교회 성장에 각별히 심혈을 기울이신다. 전도가 결실을 맺지 못하고 등록하는 사람이 없어서 대신 노숙자를 데려왔는지 알 수는 없다. 어느 유명한 목사님의 노숙자를 섬기는 목회를 따라 하고 싶어서 그러신 것일까. 그 노숙자는 여유 없는 방 한 칸을 차지하고 하루 세끼를 해결하고 예배에 참여하는 흉내를 내면서 한 달가량 지난 후 자기 동료들을 하나둘 데리고 왔다. 우쭐대며 자랑을 늘어놓았나 보다. 이를 부러워하는 동료들 5~6명을 데리고 와서 갑자기 교회가 노숙자 천국으로 되어가는 셈이다.

교회 재정이 수입은 멈추고 지출만 늘어나게 되었다. 한 명의 노숙자도 교회의 공간이나 재정적인 면에서 감당할 여유가 없는데 갑자기 생각지 못한 일이 벌어진 것이다.

반길 수도 싫어할 수도 없어 난감한 사람들은 젊은 성도들이다. 그리스도의 사랑을 생각한다면 반가운 얼굴로 대하고 친절하게 섬겨야 하지만, 말이야 쉽지 뜨거운 감자인 것이다. 청결과는 거리가 먼 허름한 차림과 다듬어지지 않은 언어의 노숙자들한테 선뜻 다가서기란 쉬운 일이 아니다. 준비되지 못한 마음으로 좁은 공간에서 동거하기란 쉽지 않은 것이다. 거동이 불편하고 나이가 많은 사람이라면 동정심이 우러나겠지만 육신이 멀쩡한 노숙자를 섬긴다는 것이 쉽지 않음을 깨닫게 되었다.

조금 지난 후에 노숙자들의 단면이 드러나기 시작하였다. 포장마차에 들어가 술을 먹고 시비가 벌어지고 돈을 내지 않아서 파출소로 끌려가는 일이 종종 생겼다. 후견인이 목사님이라 말하여 목사님이 불려가 빼 오는 일이 자주 일어나서 목사님도 어쩔 수 없이 두 손 들었다. 어느 날 갑자기 마음이 동하여 데리고 온 노숙자 이벤트는 잔잔한 파랑을 일으키고 그렇게 자의 반, 타의 반으로 자연스럽게 막을 내리게 되었다,

인민재판

40세 때 일이다. 마음이 통하여 자주 어울리는 형제 같은 고향 친구들이 있었다.

어느 날 세 명의 친구가 이야기를 하다가 내가 다가가니 이야기를 멈춘다. 친구들과 나 사이에 특별한 개인 사생활이라면 몰라도 이야기하다가 멈춘다는 것은 이해가 되지 않았다. 무슨 말을 하다가 내가 오니 말을 그만두느냐 묻자 아무것도 아니라고 한다. 가만히 생각해보니 왕따 당하고 나를 두고 인민재판한 것 같아서 묘한 기분이 들었다. 사심 없이 대하고 마음으로 세상에 둘도 없는 친구라고 믿고 아끼는 친구들이었다.

나중에 안 일이지만 고향의 한 친구한테 전화가 왔었고 자기 여동생이 사업을 크게 하는데 어떤 남자한테 다 날리고 구속된 상태라 말한다. 그 사람이 혹 정호가 아닌가, 의심이 간다는 것이다. 이 말을 들은 순간 배신감이 들었다. 나는 어려서부터 여자 친구들이 많았다. 성격상 잘 어울리고 자연스럽게 다가갔다. 그러나 그 이상도 이하도 아니다. 지금껏 그런 불량한 생각은 가져 본 적도 없고 금전만큼은 하나님 앞에서도 떳떳하다고 자부하며 살아온 것이다.

나를 의심하는 고향 친구야 자기의 기준에서 그렇게 생각할 수 있을지 모르나 친구들은 나를 잘 알고 서로를 믿고 이해하는 형제 같은 사이 아닌가. 어릴 적 내가 앞에 가면서 안주머니에 돈을 넣는다는 것을 실수로 빠뜨리고 금세 깨달아 뒤돌아본 순간 나를 의심한 그 친구가 돈을 집어 들면서 자기 돈이라고 울며 억지를 부려서 내가 포기한 적도 있었다.

이런 나를 색안경을 끼고 보고, 나도 없는 자리에서 갑이야 을이야 인민재판한 것이 불쾌하고 슬펐다. 돈에 대하여 순수한 나를 자기들 잣대로 수군거린 것 자체가 마음이 아팠다. 그런 어려움이 생기면 도와주려고 앞장설 나라는 사람을 몰라주며 나를 제외한 자기들끼리 갑론을박한 것이 나를 슬프게 하였다. 하나님의 마음을 조금은 알 것 같은 순간이었다.

그 후에 나를 의심한 그 친구와 통화가 이루어졌는데 자기 동생의 말인즉 정호가 아니라고 말했다고 한다.

둘도 없는 단짝 친구는 40대 초반에 먼저 갔고 내가 마음속으로 아끼는 3년 후배 친구는 40대 중반에, 그리고 노래 잘하고 입담 좋고 체격 좋던 친구는 50대에 떠나고 말았다. 50대에 떠나간 그 친구는 뇌경색으로 삶의 현장을 떠나 건강을 챙기며 살아가는 나를 향하여 “신앙생활을 열심히 하는 사람도 그렇게 몸이 안 좋을 수도 있네.” 했었다. 이렇듯 아끼고 사랑하던 세 명의 친구들은 모두 일찍 떠나고 말았다.

필사

나는 어려서부터 글씨를 예쁘게 잘 썼다. 초등학교 5학년 때부터 선생님 대신 시간마다 전과 책의 내용을 칠판에 가득히 백묵으로 썼다.

2001년 초에 걸린 뇌경색 때문에 삶의 터전에서 손을 떼고 건강만 생각하며 교회와 집을 오가며 구역 예배와 구역 식구들과 친교를 나누는 것을 낙으로 생각했었다. 청계산 계곡에서 내려오는 실개천을 따라서 하기천까지 산책이나 즐기며 집에서 특별한 일 없이 지내고 있었다. 둘째 딸이 "아빠, 시간 많은데 예쁜 글씨 녹슬기 전 성경이나 쓰세요." 라고 말했다. 그렇게 성경을 쓰기 시작하였다.

한 시간쯤 쓰다 보면 팔이 아파 20~30분 쉬고, 쓰는 시간만 8시간씩 써야 했다. 매일 성경 쓰는 데만 매달리게 되었다. 성경 쓰는 것 외에는 다른 데 눈 돌릴 시간도 없고 특별히 다른 일도 일어나지 않았다. 시중에서 제일 두꺼운 500페이지가 넘는 노트 4권, 비싼 일제 볼펜 30여 자루 이상을 써서 13개월 13일 만에 창세기부터 요한계시록까지 깨알같이 예쁜 글씨로 66권을 완필하였다. 생각해 보니 지루한 생각

▲『수필문학』 작가 인증패 수여식

이나 힘들다거나 귀찮다는 생각이 없이 즐거운 마음으로 집중할 수 있었던 것은 내 의지가 아니고 성령께서 쓰시게 하신 것 같았다. 성령께서 그럴 수 있는 힘과 마음을 주신 것이다. 평소의 의지라면 하루에 한두 시간씩 빼놓지 않고 쓴다는 것도 어려운 일이다. 이것은 분명히 내가 쓴 것 아니고 성령님께서 쓰신 것 같다. 나를 통하여 나타내신 하나님의 작품이라고 생각했다.

나는 의왕시에서 단 한 사람 선정된 아파트 특별 분양 대상자로 계약금 5천만 원을 지불하고 나머지 분양 대금은 딸이 일부를 책임지기로 약속한 터였다. 그러나 딸은 여력이 없어져 그렇게 맘고생을 하면서 일 년을 넘기는 동안 딸에게 소망이라는 빛은 영원히 보이지 않을 것 같았다.

그런 딸이 흑암에서 아침 햇빛 찬란한 모습으로 나타났다. 나도 포기한 계약금 5천만 원을 날리지도 않게 되었고 더 많은 보너스를 받았고 5년 전 낙향하여 건강을 회복하였다. 뒤늦게 문학을 시작하여 유명 문단에 6개월 만에 신인상을 받고 시인이 되었다. 시집 『노을 꽃』을 출간하고 『수필문학』 신인상을 받아 수필가로도 서게 된 것이다. 2015년 11월 21일에 제10회 〈세계문학상〉 본상을 받았고, 2016년 7월 2일에 제13회 〈문학세계문학상〉 대상을 받게 되었다. 계속하여 유명한 3곳의 중앙문예지에 한 달이 멀다하고 시와 수필이 실린다. 젊어서 못다 한 공부를 위해 문예창작반 시 창작 과정을 수강 중이다.

불꽃같은 눈동자

나는 항상 새벽에 노량진 수산시장에 나갔다. 그날도 새벽 4시에 노량진 수산시장에서 4톤 트럭에 물건을 가득 실어 보내고 승용차로 집사람과 현장에 가려고 경인고속도로 톨게이트를 빠져나오고 있었다. 2차선으로 주행하고 있는데 맨 끝 차선에서 봉고트럭 한 대가 주행선으로 진입한다. 차선을 변경하려면 왼쪽 옆 차선으로 살피면서 무리하지 않고 차선을 바꾸어야 하는데도 45도쯤 가파르게 내 차 오른쪽으로 급하게 달려들고 있었다.

내가 급하게 빵빵 계속하여 경고를 울리건만 그대로 달려들어 내 차 옆을 들이받고 아무 일 없는 듯 그대로 내빼는 것이다. 나는 라이트를 계속 깜박거리며 빵빵 경적을 울리며 속력을 내어 따라붙었다. 트럭은 1㎞쯤 가다가 나들목 옆 갓길에 정지하고 기사가 밖으로 나와 다가오며 왜 그러느냐 한다. 집사람은 차 속 서랍에서 편지봉투와 볼펜을 꺼내어 봉고차 차량 넘버를 떨리는 손으로 적고 있었다.

나는 애경사나 필요할 때 쓰려고 서랍 속에 편지봉투와 볼펜을 항상 준비하고 다녔다. 나는 기사에게 그렇게 경적을 울려도 달려들어 들이받고 그냥 도망가느냐고 큰소리로 말했다. 트럭 운전자는 "내가 언제 당신 차를 받았느냐, 내가 언제 도망갔느냐, 나는 내 갈 길을 가고 있었을 뿐이다." 하며 오리발을 내민다.

그 시절엔 CCTV나 블랙박스가 없었던 시절이라 이를 증명할 길이 없었다. 그래서 난 부근에 있는 부평경찰서로 가자 하였고 그 사람은 지하철 공사를 하는 사람이니 자기 회사로 가자고 하는 것이다. 회사로 가면 모두가 자기편이니 그렇게 말을 하는 것 같아서 그게 무슨 말이냐 경찰서로 가자 내가 앞장 설 테니 따라오라 하였고, 그 사람은 자기 회사로 따라오라는 것이다. 나는 부평경찰서로, 그 사람은 자기 직장으로 향하여 갔다. 경찰서에 가니 어디에서 사고 났느냐 하기에 경인고속도로에서 났다 하니 그럼 고속도로 순찰대로 가라고 한다.

차를 돌려 고속도로 순찰대를 찾아가니 경찰이 조금 전 신고가 들어왔다고 한다. 회사에서 동료들이 신고하지 않으면 뺑소니로 몰리니 신고하라고 권하여 신고한 것 같았다. 우리 집사람이 떨리는 손으로 그 차량번호를 적은 편지봉투를 꺼내어 건네주니 경찰이 하는 말 "여기 그 사람이 인적 사항을 적어 주었네요." 한다. 이게 무슨 뚱딴지 같은 소리인가. 내가 언제 차를 받았느냐 큰소리치고 자기 직장으로 가자고 억지를 부리던 사람이 무슨 인적 사항을 적어줄 리 있겠는가.

내가 말하기를 "그 사람은 추돌하고도 도망갔고, 자기와는 무관하다며 부인하는 자가 인적 사항을 적어 줄 수 있겠느냐." 하며 항의했다. 경찰이 마누라가 건네준 편지봉투를 내밀면서 신고한 내용과 인적 사항이 똑같다고 한다. 내가 편지봉투를 받아서 뒷면을 보니, 이 무슨 황당한 일인가. 우리 집사람이 차 안에서 차량번호를 적은 뒷면 편지봉투에 처음 보는 뚜렷한 글씨로 영등포구 오류동 ○○빌라 201동 2○○호 박○○ 주민번호까지 정확하게 적혀 있다.

경찰은 거기 똑똑히 적혀 있지 않느냐며 퉁명스럽게 말한다. 분명히 편지봉투는 아내가 서랍에서 꺼내고 차 안에서 쓴 것이 분명하다. 차 밖에서 큰소리치다가 돌아간 사람이 자기 인적 사항을 그렇게 정자로 상세히 적어 줄 리 없다. 머리를 크게 얻어맞은 기분이고 정신이 멍해지는 것 같았다. 경찰도 나도 그게 본질이 아니니 나의 설명을 듣고 그 사람을 호출하였다.

경찰이 "당신이 1㎞나 가다가 멈춘 것이 정황상 뺑소니가 맞다, 당신이 가해자가 맞으니 수리비를 물어주고 간단하게 끝내는 게 좋다, 그렇지 않으면 뺑소니 처리한다."고 말했다. 그 사람이 수긍하며 그렇게 하겠다고 하여 그 사람한테 60만 원을 받기로 확약 받고 은행 계좌를 적어 주고 돌아왔다. 그런데 편지봉투 인적사항, 이것은 어떻게 된 일일까. 무슨 의미가 있는 것일까. 집에 돌아와 생각하니 무서운 생각이 든다.

처음 본 글씨체, 또박또박 정결한 글씨. 이게 어찌된 일인가. 우리 부부는 어리둥절할 뿐이었다. 나 혼자 겪었다면 착각인가 하겠으나 부부가 함께 겪은 일 아닌가. 나와 마누라가 똑같이 눈 뜨고 당한 엄연한 현실 아닌가. 어찌 이런 현상이 일어날 수 있단 말인가. 아무리 생각해도 알 수도 이해할 수도 없지만 하나님께서 하신 일 같았다.

그래서 이런 황당한 사건을 내가 나가는 교회의 십여 년 선배 되는 장로님한테 이야기하니 듣기만 하고 아무 말씀을 안 하신다. 아마 속으로 무슨 헛소리 하는구나 생각하는 것 같았다. 담임 목사님한테 이야기 하니 그래요, 하며 반신반의하는 것 같다. 재경 동창회 친구들을 만나게 되어서 이 이야기를 하니 헛소리한다며 어데 가서 이런 소리하지 말라, 미친놈 취급하니 말도 꺼내지 말라고 한다.

그래도 이 일은 엄연한 사실이어서 믿음이 좋은 막냇동생한테 이야기 했다. 내가 한평생 헛소리나 뻥치는 소리를 하지 않는다는 것을 잘 알기 때문이다. 동생은 의심치 않고 내 말 그대로 인정하며 "그러게 말이야, 이상한 일도 있네요." 했다. 그래서 생각하기를 하나님은 이 모든 일들을 다 알고 계시고 보고 있다는 것을 알려주신 것 같았다. 이렇게 결론을 내릴 수밖에 없었다.

몇 달이 지난 후에 다시 봉투를 확인하고 싶어서 편지 봉투를 넣어둔 서랍을 열려고 하니 약간 두려운 생각이 들었으나 참고 열었다. 그러나 아무리 찾아도 보이지 않았다. 그래서 아내와 딸들한테 손댔느냐 물어보니 누구도 손댄 일이 없다고 한다. 그렇게 물적 증거는 사라져 버리고 말았으나 내 기억 속엔 그 일이 지금도 생생하다.

하나님의 불꽃같은 눈동자는 은밀한 곳에서 행하는 모든 일들을 다 알고 계시고 섭리하신다는 것을 알려주시는 것 같았다. 모세와 엘리사에게 임하시고 나타내신 기적과 이적을 지금도 음으로 양으로 필요에 따라 나타내시는 하나님이시다.

베스트 드라이버

그날도 노량진 수산시장을 가려고 승용차로 새벽 4시쯤 시속 100여 ㎞ 속도로 편도 2차선 동부간선도로를 달리고 있었다. 장안평 쪽에서 뚝섬 방면 다리 위로 들어설 무렵 반대쪽 다리 위로 사람 같은 물체가 걸어오기에 그곳을 주시하며 달리다 보니 무슨 물체가 눈앞에 나타나 순간적으로 핸들을 약간 돌리려 했는데 눈 깜짝할 사이 다리 난간이 들이닥쳤다. 순간 핸들을 오른쪽으로 돌리자 바로 반대편의 난간이 나타나고, 다시 왼쪽으로 돌리려 하면 역시 반대편의 가드레일이 나타나고, 다시 오른쪽으로 핸들을 돌리니 반대편 강물이 코앞에 나타나기를 수없이 반복했다. 100㎞ 속도의 폭이 좁은 2차선 다리 위의 공간에서 브레이크를 밟으면 강물 속으로 튕겨나갈 것 같고 브레이크 밟을 여유도 없었다. 가속페달에서 발을 떼고 사람의 동작이 아니라 신의 동작처럼 S자로 중앙선을 넘나들며 왼쪽, 오른쪽을 오가며 중랑천 강 속으로 다이빙 할 위기를 수없이 모면한 15여 초였다. 그동안 S자를 긋기를 반복하다가 중앙선 너머 반대편 가드레일과 일직선 역방향으로 순간적으로 차가 멈춰선 것이다.

양쪽 가드레일이 순간순간 바뀔 때마다 수없이 내가 이렇게 물속에 수장되나 보다는 생각이 뇌리를 스쳤고 습관처럼 예수 내 구주를 부르며 핸들 조작을 하였다. 평소 같으면 흉내도 낼 수 없는 핸들 조작을 한 것이다. 분명히 내 손이 한 것이 아니고 주께서 핸들을 잡으신 것이다. 그렇지 않고서야 내 실력을 내가 아는데 불가능 중에 불가능한 것이다. 그날따라 집사람 없이 혼자서 차를 몰고 나왔는데 만약 집사람이 같이 있었다면 놀래서 심장마비를 일으켰을 것이다. 이것도 불행 중 다행이라 생각이 들었고 아무리 새벽 4시라지만 차량 왕래가 빈번한 동부간선도로에서 20여 초 동안 차량 통행이 멈춘 것도 기적이라는 생각이 들었다.

나는 정신을 가다듬고 차를 돌려 수산시장으로 향하면서 분명히 차의 양쪽 옆면이 가드레일에 긁혀서 엉망이 되었을 것이라고 생각했다. 수산시장에 도착하여 차량의 상태를 살펴볼 여유도 없이 가슴이 진정되지 않아서 약국으로 향하였다. 노량진 시장은 야간에도 항상 약국 문이 열려 있기 때문이다. 제일 비싼 물로 된 우황청심환을 사서 마시고 가슴을 진정시키며 생각해 보니 내가 제정신으로 핸들을 잡고 있었다면 그런 위기를 탈출할 수는 없었을 것이라는 생각이 들었다.

만약 그렇다면 나의 운전솜씨는 베스트 중에 베스트, 신기의 솜씨일 것이다. 100㎞ 속도로 4차선 왕복 도로에서 S자를 수없이 그리라고 하면 목숨과 바꿀 만큼 상금이 붙었어도 나에겐 불가능한 것이다. 분명한 것은 내 운전 실력이 아니라는 것이다. 날이 밝은 후에야 차량을 살펴보니 엉망이 되어 있어야 할 옆면이 조그마한 흠집도 없이 매끈했다. 이 사고 이야기는 해가 바뀌어도 아내한테 말하지 않았다. 너무 놀랄 것이 분명하여서다.

▲ 1982년 제주에서 말을 타며

▲ 순천만에서 아내와

5

엘리야

곶감 2015

낙엽 지면 서리꽃 만발할 앞마당
빗방울 쪼개 실비 뿌린다

두 주먹 움켜쥐다 성에 낀 방광
찔끔찔끔 체면 구기고
성냥불 그어대던 팔구월

뙤약볕 엑소더스 꿈꾸던 콩 열매
타작마당 소방 호스 들이대고
시 때 없이 흔드는 조로 질
곶감 덕장 코 풀어 죽 쑨다

손꼽던 웨딩마치 잔주름 늘어도
눈 밑 훔치다 꽃단장 못하고
물 만난 곰팡이 만세 부른다

시 때 없는 이슬비 줄을 이어서
빨래하는 드레스 햇빛 볼 날 없이
찢어진 우산 받쳐 들고
가랑비 내리는 밤길 걷는다

나의 아버지

나는 지금 74세다. 그리고 나의 아버지는 35여 년 전, 향년 65세로 돌아가셨다. 지금도 아버지를 떠올리면 아버지는 60대의 온화한 모습이시고 나는 언제나 20~30대의 어리광쟁이 아들이다. 나는 지금도 어린아이처럼 작아지고 아버지는 언제나 커다란 산처럼 다가온다. 아버지에게 흠이나 섭섭한 것은 생각이 나지 않으며 삼국지의 유비 같은 얼굴로 그렇게 기억하고 있다.

그렇다고 아버지께서 남다른 인품을 가진 건 아니셨다. 낫 놓고 기역 자도 모르시는 분이셨고 가난하여 늘 배가 고파도 채워주지 못하셨다. 쌀 한 말이 없어서 수학여행도 참여하지 못하고 졸업비도 없어서 졸업장도 못 받았다. 공부는 고사하고 가족의 끼니를 위하여 이곳저곳을 기웃거려야 했었다. 이렇게 나쁜 기억이야 끄집어낸다면 어찌 없겠느냐마는 내 기억 속에는 단 한 점도 문제가 되는 것이 없다. 너무 일찍 돌아가셔 못다 한 효도만이 아쉬울 뿐이다. 지금이라도 다시 오신다면 목숨까지도 아끼지 않을 자신이 있다.

그런데 요즈음은 다른가 보다. 부모가 잘해야 자녀도 잘하는 것이라고 자기들 철학을 피력하는 젊은이를 본다. 그리고 수학을 하는 것이다. 1+1=2가 맞는 것이라고 한다. 부모의 잘못을 끝까지 간직하고 물고 늘어지는 것이다. 아픈 기억을 넘치도록 보상 받아야 멍든 가슴이 치유될지 모르겠다. 자녀는 부모한테, 부모는 자녀한테 셈하지 않고 가슴으로 다가서야 진정한 사랑이고 혈연일 것이다. 아무리 큰 잘못이라도 흠이 되지 않고 나도 몰래 잊어야 부모이고 자식일 것이다.

계획적이거나 지속적인 학대가 아니고 교육상 무지로 든 회초리라면 마음속에 담아두지 말아야 할 것이다. 생각나면 무조건 좋고 달려가고 싶은 것이 부모이고 자식인 것이다.

설령 아픈 상처가 있을지라도 물로 씻은 듯 잊어버리고 사랑하는 것이 부모와 자녀인 것이다. 손해 볼 수도, 손해 줄 수도 있는 것이 부모와 자식의 사이가 아닐까. 그것을 셈한다면 이웃일 뿐이다. 이웃이라하여도 그러하다면 너무나 삭막한 것이다. 좋은 친구는 손해를 볼 수도 줄 수도 있지만 그것을 감싸 줄 때 진정한 친구가 되는 것이다. 하나님의 사랑, 그리스도의 사랑을 끌어다 붙이지 않아도 그래야 살맛이 나고 정이 넘치는 세상이 될 것이다.

나는 절대 좋은 부모는 못 되었다. 그러나 내가 살아온 기준에서 볼 때 나쁜 부모는 아니라고 생각했다. 언제나 새벽에 평화시장 나가서 예쁜 옷을 사다 입혔고 불량품 군것질을 시키지 않았다. 그러나 지금처럼 자녀들 중심의 생활은 생각도 못했고 공부를 하라고 잘못을 저지르면 때론 심한 회초리로 다스린 적도 있었을 것이다. 지금 생각하면 어리석은 행동이다. 보고 들은 것이 없어서 그랬을 것이다. 혹 자녀가

▲ 1990년 연말 가족 찬양

입 다물지 않고 말대꾸를 했을지라도 부끄러운 행동이었다.

나는 평생에 아버지의 꾸중이나 회초리가 상처가 되지 않았고 기억도 없다. 어려서부터 아버지가 기뻐하시는 모습을 보고 싶어서 걱정이 되는 행동을 자제하였다. 단 한 번도 공납금을 졸라 본 기억이 없다. 형편이 어려운 아버지의 근심하는 모습이 싫어서다.

큰형님한테 손톱이 빠지게 작대기로 두들겨 맞았고 작은형님한테 고무신짝으로 여러 번 등짝을 두들겨 맞았었다. 한번은 친구 부모가 억지를 부려서 아버지한테 힘든 매질도 당한 적도 있었다. 그러나 봄날에 눈 녹듯 기억에 담아 두지는 않았다.

그 시절 의식주만 책임지면 공부는 알아서 하는 것이라고 내가 겪고 살아온 기준으로 생각하여 그랬을 것이다. 내가 부모님을 생각하듯 그렇게 헤아리지 않고 부모님이어서, 자녀여서 그냥 좋아 다가설 수 있어야 그것이 천륜이고 혈연인 것이다.

가끔씩 핏덩이가 외국에 입양된 후 성년이 되어서 내다 버린 부모님이 그리워서 고국을 찾아 방송에 출연하는 것을 본다. 그렇게 행동하는 것도 천륜이고 혈육이기 때문일 것이다.

처 작은아버지

나에게 90세가 되시는 처 작은아버지가 계신다. 6년 전, 고향을 떠난 지 50년 만에 낙향한 후 존경하고 사랑하는 처 작은아버지 내외분을 자주 찾아뵙고 식사라도 같이 하려고 신경 써 왔었다. 2년 전 작은어머니가 먼저 하늘나라에 가셨다. 작은아버지는 처음엔 매일 산소를 찾아 슬픔을 달래셨고 요즈음도 틈만 나면 산소를 찾아 작은어머니와의 추억을 상기시키시며 외로움을 달래곤 하신다. 그래도 집안일은 게을리하지 않으시고 거실과 주방과 주방 그릇들을 언제나 반질반질 빛나게 해놓고 건강하고 품위 있는 생활을 하신다.

슬하에 육남매를 두셨다. 형제 중 맏이인 큰처남은 아버지가 원하지 않으셔서 모시지는 못하지만 옆에서 살다시피 아버지를 봉양하고 무슨 일이 있으면 즉각 달려오며 병원으로 모시든가 어디든 원하는 곳으로 픽업도 해드린다. 서울에 두 자녀가 살고, 전주에 세 아들, 정읍에 둘째 딸이 살고 있는데 주말마다 돌아가면서 아버지를 찾아와 함께 지내며 한 주간 반찬을 마련해드리고 육남매가 매월 똑같이 용돈을 보내

준다. 작은아버지 통장에도 어느 정도의 목돈은 예금되어 있고, 매월 참전수당과 노령연금을 받으신다. 그런데도 명절 때나 생신과 제사 때 별도의 용돈과 선물을 준비하고 그리고 살아가시는 데 필요한 것들은 서로 앞다투어 마련하니 부족함이 없이 본인의 건강만 챙기시면 되는 것이다. 손자손녀까지 빈손으로 오지 않는다. 이렇듯 온 자손들이 효도하고 우애하는 집안이다.

난방은 겨울에는 꽤 많은 전기요금이 나오는 심야 전기고 에어컨도 설치하였으나 제대로 틀지 않으신다. 중학교 교사인 둘째 딸이 단독으로 다 계산하고 쌀까지 챙겨드리는 데도 평생을 검소하게 살아오시며 몸에 밴 절약하는 습관 때문에 그러신다. 한 예로 작은아버지가 젊었을 때 산골마을 화산에서 백여 리 전주까지 일 보러 자주 가셨는데, 입이 바짝 타고 창자가 등에 달라붙어도 언제나 점심을 굶으시고 밤늦게야 귀가하셨다 한다. 내가 참아 그 점심값으로 고기 한 근이나 생선을 사면 온 식구가 포식할 것을 나 혼자 배부르게 할 수 있겠느냐 하셨다고 한다.

연로하셔서 동네일과 농사일을 놓으신 후로는 하루도 빼놓지 않고 게이트볼을 즐기시려고 십 리 길을 오토바이를 타시고 화산까지 출퇴근하신다. 허리가 구십 도로 굽었지만 오토바이를 타고 이삼십 리 길도 거뜬하게 외출하신다. 기억력도 대단하셔서 여섯 자녀의 손자와 증손자 생일까지 기억하시고 애경사와 제삿날은 물론이고 동네일과 사돈의 팔촌까지 챙기시는 성품이시다. 1940~1950년대 어려운 시절에도 거지가 밥 얻어먹으려 들어오면 따뜻한 부엌 아궁이불 앞에 상을 차려 주어야 맘을 놓으시던 그렇게 인정도 많으신 분이시다. 화산면과 인근 주변에서는 작은아버지 이름을 대면 나이 든 분들이라면 모르는 사람이 별로 없다. 동네 이장과 학교 사친회장 등 크고 작은 단체의 회장을 수없이 맡으시며 주변에 어려운 일들이 일어나면 도와주시려고 앞장서시는 분이셨다.

▲ 처 작은아버지 회갑 때

1970년 초, 나의 선친께서 돌아가셨을 때 서울까지 올라오셔서 장지까지 동행하시고 어머님이 돌아가셨을 때에도 역시 매장하는 일까지 참여하시는 열의를 보이셨다. 처 작은아버지가 아니고 장인 아닌 친아버지 못지않은 인정과 열의를 보이시며 자녀들 혼사 때도 어김없이 손수 참여하시고 처남들과 처제들 모두가 애경사에 함께 참여하니 나는 인정 많고 의리 있는 처가에 많은 형제들을 둔 행복한 사위다. 이렇게 처갓집 그 이상의 훌륭한 처갓집을 모르는 한 친구가 나보고 처 작은아버지를 섬긴다고 비아냥거리기도 했다.

돌아가신 작은어머니는 장모 못지않게 평생 우리를 감싸주셨다. 인정 많은 덕담 이야기는 헤아릴 수 없이 많았으나 이 땅에서 다시는 뵈올 수 없어 너무 아쉬울 뿐이다.

작은아버지는 동네 크고 작은 애경사까지 기록하시기에 동네 이력을 거의 꿰고 계신다. 그래서 기억이 희미한 것은 작은아버지한테 물어보면 일기장을 뒤적여 세밀히 알려 주시고 지금도 하루도 빠짐없이 일기를 쓰신다. 시력이 좋으셔서 돋보기 없이 깨알 같은 한자로 된 족보나 옛날 서적을 들여다보신다. 다만 귀가 어두워 보청기를 끼셨으나 잘 알아듣지 못하시어 불편이고, 별다른 질병은 없어도 전립선 비대증으로 오랫동안 약을 드시며 큰 불편 없이 지내시던 중 요즈음 약으로 감당할 수 없어 수술을 받게 되셨다.

자녀들 모두 전신마취를 걱정했으나 기우에 지나지 않았다. 집도의조차 놀랄 정도로 무통주사 없이 바로 회복되시고 일주일 만에 퇴원하셨다. 병문안 온 사람한테 오고 가는 길의 추운 날씨를 염려하시고 90세의 수술 환자답지 않게 어른으로서 품위를 잃지 않으시며 꼿꼿함을 유지하시는 작은아버지를 뵐 때 더욱 존경스러워 머리가 숙여졌다. 만일 내가 그 나이가 된다면 이렇게 맑은 정신과 품위를 유지할 수 있을지 자신이 없다.

나는 처음부터 장인이 안 계셨다. 우리 집사람이 아주 어릴 적 장인이 돌아가셔서 작은아버지가 형수님 되시는 장모님과 조카인 처와 언니와 오빠 이렇게 네 식구를 책임지시고 목구멍 풀칠하기 급급한 어려운 1940년대 후반부터 1960년대까지 한 지붕 밑에서 대가족의 가장으로 두 집 식구를 먹이고 입히고 가르치고 생활하도록 보살펴 주셨다. 그리고 처남이 장가를 들고 우리 집사람이 결혼을 한 후 집을 장

▲ 장모님과 처가 형제들

만하여 주고 살림살이를 떼어 분가시켰다.

처의 형제들은 사남매다. 이제 80세 된 둘째 처형부터 돌보시고 결혼을 시키셨다고 한다. 물론 나보다 한 살 아래인 처남이 장성하면서 많은 농사일을 다 맡아서 하였고 두 집안 형제들이 다른 집 형제들보다 친형제 그 이상으로 우애가 깊었다. 작은집 형제와 처제들은 한결같이 장모님과 처남을 받들었고 처남의 자녀들, 육남매 조카들까지 아끼고 사랑하고 무슨 일이든 앞장서 돌보아 주었다. 특히 둘째 처제는 유별나게 큰집 오빠나 장모를 섬기고 조카들을 챙겼다. 밖에서 집에 돌아올 때는 무엇인가를 손에 들고 빈손으로 오는 법이 없이 큰집의 장모님을 찾아 인사드리고 난 후에야 작은집으로 들어갔다.

작은집 형제들은 모두가 처갓집 형제들 손아래다. 이렇게 장성하고 중년을 넘어 손자를 두었건만 따뜻한 우애는 여전하다. 큰집 처남을 지금도 깍듯이 큰오빠, 큰형님으로 섬긴다.

한때 큰집 처남과 작은집 큰처남 사이에 소 막사의 사소한 오해로 불편한 사이가 되어서 주위와 작은아버지를 불편하게 한 일도 있었으나 나의 작은 숨은 노력으로 다시 회복되었다.

우리 집 형제들과는 비교할 수 없는 부모님에 대한 효도와 형제간의 사랑과 우애가 나를 항상 감동시킨다. 이 모든 것이 작은아버지의 인격을 본받고 훈계를 따르기 때문일 것이다. 그래서 나는 작은아버지를 장인처럼 아니 친아버지 같은 친밀함과 존경심으로 섬긴다.

내 나이 74세다. 작은아버지처럼 그렇게 맑은 정신으로 건강과 품위를 유지할 자신은 없으나 그날을 하나님께 맡기고 자손과 이웃을 위하는 새벽 기도로 하루를 시작한다.

격려

객지에서 50년 만에 고향에 내려와 어려서 못해 본 좋아하던 그림과 문학을 하려고 우석대와 전북대에 수강을 신청하였다. 시 창작 반에서 시를 공부하면서 짧은 시를 지어 흉허물 없이 대해주시는 김문년 목사님 내외분에게 보내곤 했었다. 바쁜 중에도 목사님은 일일이 문자로 답을 주셨다. 처음에는 시인 같습니다, 다음은 시인이 다 되었습니다, 그다음엔 시인 뺨치겠습니다. 이렇게 격려하여 주셨다.

그리고 그 후에 나의 작품 20여 편을 메일로 보냈는데, 목사님은 한국 『수필문학』 회장님 되시는 교회 장로님한테 출력하여 보여드리게 되었다. 회장님은 깜짝 놀라 칭찬을 아끼지 않으셨다고 한다. 장로님의 칭찬을 들으신 목사님은 너무 기뻐서 밤중에 나한테 전화를 걸어와 나보다도 기뻐하셨다.

『수필문학』의 회장님이신 장로님은 내 작품을 편집국장을 시켜서 종합문예지 월간 『문학세계』 신인문학상에 응모하게 하셨고 나의 시 「노을 꽃」 「나들이」 「수탉」이 당선되었다. 어느 날 갑자기 시인으로 서게 된 것이다. 목사님은 나를 데리고 3층에서 지하 식당까지 다니며 중진들에게 내 자랑을 하시며 기뻐서 싱글벙글 하시는 것이다.

이렇듯 나이 많은 나를 아끼고 격려해 주시느라 귀한 시간을 쓰시는 것이다. 나는 목사님을 대면할 때나 전화를 주고받을 때 부담을 느끼지 않는다. 그만큼 나에게 편하게 대해 주시기 때문이다. 항상 바쁘셔도 가끔 전화를 주시고 안부를 묻고 시간 가는 줄 모르게 덕담을 하시는 것이다. 사모님도 어쩌다 전화를 주시면 10여 분 가까이 대화를 하신다. 그리고 모처럼 대면하는 날은 환한 얼굴에 들국화 같은 미소가 사라지지 않는다.

어쩌다가 목사님 내외분과 식사를 하는 날은 큰 홀의 식당에서 먼저 와 기다리시다 나를 발견하고 손을 흔들면서 마중 나오시며 격을 놓으시는 사모님이시다. 어느 날은 평소에 핸들을 잡으시지 않는 사모님이 목사님의 차를 몰고 나오셨다. 나를 가까운 목적지까지 데려다 주시겠다는 것이다. 이렇듯 두 내외분께서 손잡아 주시는 사랑과 격려로 이 나이에 문학인이 되었다.

작년부터 한번 짬을 내어 지리산 등산을 하시자고 말씀을 하셔도 목사님께서는 베트남 현지에 교회를 세우시랴 유명한 미국대학에서 신학박사 학위를 받으시랴 시간을 못 내시었다.

74세의 별 볼 일 없는 사람한테까지 관심을 가지고 전화를 주시는 사랑과 배려로 노을이 쓸쓸하지만은 않은 것이고 저무는 황혼의 한 송이 노을 꽃을 피우고 있는 것이다.

구원의 도구

중학교 다닐 때 위장병으로 고생을 하던 한 학생은 집안일과 경제를 주관하는 할머니에게 몸이 좋지 않으니 카메라를 사 달라고 부탁하였다. 그 당시만 하여도 카메라를 보기도 힘들고 웬만한 사람은 살 수 없는 고가였다. 그런데도 중학생은 카메라를 가지고 운동 삼아 산과 들녘을 다니다 보면 건강이 좋아질 것이라고 말하였다. 할머니는 두말없이 사주었고 학생은 일찍부터 신앙생활을 열심히 하는 친구의 부탁으로 교회에서 야유회나 모임에 사진을 찍어주면서 자연스럽게 자주 어울렸다. 그렇게 친구와 자주 어울리다 보니 자연스럽게 예수님을 영접하게 되었고 예수를 믿기 시작한 후로는 열심히 기도하고 성경을 읽게 되었고 하나님 말씀에 깊이 빠지게 되었다. 힘들어하던 위장병은 그렇게 교회를 열심히 나가며 사진을 찍다가 보니 언제 나았는지 모르게 치유된 것이다.

할아버지는 절을 지어줄 정도로 불심이 강하고 불교를 숭상하는 분이었고 할머니는 무슨 일만 일어나면 점을 보거나 굿을 하시는 등 미신을 신봉하는 분이시다. 어머니는 알 수 없는 질병으로 온몸이 뚱뚱 부어서 고생을 하고 계셨다. 그러던 어느날 저녁 유난히도 시끄럽고 소란하여 자기 방에서 나와 보니 부엌에서 무당이 푸닥거리를 하고 있었다. 어머니의 병 때문에 할머니가 무당을 불러서 굿을 한 것이다. 학생은 자기 방이 따로 뒤에 있어서 홀로 쓰고 있었다. 학생이 물끄러미 무당을 쳐다보고 있는데 무당이 학생을 가리키며 저 학생을 내보내라고 말한다. 신이 내리지 못하여 굿을 못하는 것이다.

이런 일을 목격한 아버지는 학생을 향하여 당장 교회 나가는 것을 중단하라고 말한다. 너 때문에 네 엄마가 죽어도 좋으냐고 노발대발 화를 내는 것이다.

그렇게 아버지는 학생을 혼을 내어 교회를 못 다니게 말한 후 바로 원인 모르게 드러누웠다. 질병에 걸린 것이다. 이를 본 형님이 동생을 향하여 너 때문에 엄마 · 아빠가 모두 돌아가셔도 좋은가, 당장 예수를 때려치우라며 호통을 쳤다. 그렇게 호통을 친 형님마저 아버지처럼 드러누웠다. 역시 이름 모를 질병에 걸린 것이다. 이를 목격한 어머니가 학생보고 오늘 밤부터는 내 방에 와서 같이 자자고 한다. 앓아누워 있는 어머니는 교회 다니는 아들한테 무당이나 그 어떤 세력도 침범 못할 무슨 힘을 느끼셨는지 모른다. 아들이 어머니 방에서 자게 된 후로는 잠을 편하게 주무시었고 아들은 어머니를 위하여 열심히 무릎 꿇어 하나님 앞에 기도를 하였다. 하나님 아버지 저의 어머니의 질병을 낫게 해주시라고 간절히 기도한 것이다.

그렇게 기도한 후로는 어머니의 질병이 호전되어 낫게 되었고 학생이 교회 나가는 것을 허용한 후로는 아버지도 형님도 질병이 나았다.

학생은 신바람이 나서 더욱 하나님을 사랑하고 어울려 산 기도를 하는 등 열심히 신앙생활을 하였다. 수없는 성령의 능력을 체험하여 몇십 리 떨어진 곳에 악령의 역사하는 짓거리를 보여도 주시고 악령이 임한 사람이 그 학생이 찾아오는 것을 미리 알고 못 오도록 막아 달라고 남편한테 부탁을 하기도 하였다.

이렇듯 신실한 믿음을 소유하게 된 학생은 훗날 안수집사님으로 아무리 어려운 환난을 당하여도 흔들림 없이 하나님을 경외하며 예수님을 믿고 따르는 제자로 섰다. 이런 일을 겪은 후 아버지, 어머니, 형님 온 집안 모두가 예수님을 영접하는 기독교 집안으로 변한 것이다.

터미네이터

75세의 안수집사님이 있다. 젊어서부터 직장이 가정과는 떨어져 있어서 한 달에 한 번 월급을 가지고 집을 찾는 관계로 장로가 못 된 분이다. 나이 들어 직장을 퇴직하고 교회 봉사를 업무로 생각하는 분이다. 평생 직업으로 덤프트럭을 운전한 집사님은 교회의 대형버스를 운전하며 차량부장을 도맡아 해오고 있었다. 승합차 3대, 전도용 탑차 1대, 24인용 중형버스 1대, 대형버스 1대. 이 모든 차량의 연료와 오일 교환을 비롯한 정비, 점검을 미리 손을 보면서 버스기사로 상시 대기하는 분이었다. 목사님이 집사님 덕에 차량에 대한 염려를 할 필요가 없다고 항상 칭찬을 하실 정도로 성실하신 분이다.

그런 집사님이 전립선에 문제가 생겨서 요로병원에서 대학병원으로 가보라 하였고 검사한 결과 위암과 대장암 판정을 받았다. 예전에도 위암 수술을 받았던 집사님은 이번에는 종양이 위에 3개, 대장에 4개 이런 최악의 상태로 나타난 것이다. 부인이신 권사님이 병실에서 눈물을 감추지 못하는 것을 보면서 집사님은 걱정 말라며 앞으로 3년은 더 살 수 있다고 말한다. 상태가 너무 좋지 못해 우선 종양만 제거하고 엉겨 붙다시피 한 용종은 기력이 회복한 후 다시 제거해야 했다. 그렇게 수술을 받은 후 생각보다 빠르게 기력을 찾았고 바로 이어 한 기업체의 사업장 내부를 정리하는 직원으로 취업을 하였다.

원래 힘이 다부지고 성격이 부지런하여 50대 젊은이 못지않게 일처리 하는 것을 보고 75세의 고령의 나이를 무시하고 계속 일을 맡기고 있다. 그렇게 힘든 몸을 이끌고 평안한 모습으로 지금도 성실하게 출근을 하고 있다.

요즈음은 참지 못할 고통과 함께 시뻘건 소변이 갑자기 쏟아지는 상황이 벌어져 팬티 속에 비닐 주머니를 차고 성가대에 앉아서 찬양을 한다. 갑자기 까무러질 것 같은 통증과 핏빛 소변이 나오게 되는데 화장실 갈 여유가 없어서 의자 밑으로 손을 뻗어 옆 사람도 모르게 처리하려 준비하는 것이다.

어느 날은 예배를 드린 후 내가 불러도 얼굴 한번 돌리고 내빼듯 달아난다. 오후 예배에 참석하여서 물어보니 갑자기 한기가 들고 통증이 엄습해 대답도 못하고 달아났다고 한다. 그런 몸을 이끌고 오후 예배까지 참석하고 얼굴빛은 항상 불그스레한 환한 모습이다. 그런 상태로 직장에 나가고 토요일 교회 청소도 빠지지 않고 앞장서 선도한다. 보통 사람은 병원에서 누워 있기도 힘들 형편이건만 새벽 기도와 주일 날 낮 예배 · 밤 예배를 빠짐없이 참석한다. 별도의 시간을 내어 찬양 연습을 해야 하는 수요일 성가대까지 서는 것이다. 자기가 장담한 3년이 지나고 눈마저 한쪽이 실명되었고 요즈음은 위에 말썽이 생겨서 일반 식사를 전혀 못하고 소량의 채식 위주로 식사를 대신한다.

어제나 오늘이나 얼굴색은 젊은이 못지않게 붉고 윤기가 난다. 그리고 남전도회 모임을 이끌고 이런저런 모임이나 교회의 행사들을 빼놓지 않고 참여한다. 현대 의학으로는 길이 없어 요즈음은 대체의학으로 배에 대형 쑥뜸을 뜨는데 쑥의 냄새와 연기가 진동하여 이웃에 피해를 줄까 봐 차를 몰고 집 밖에 멀리 나가서 뜬다고 한다. 그렇게 혼자서 아무도 모르게 차 안에서 뜸뜰 때 심한 고통이 오건만 장시간 뜸을 뜨고 돌아온다고 한다. 심한 고통을 인내해야 하는 치료다. 뜸뜬 자리를 보면 배에 선명히 험한 상처가 크게 자리하고 있다. 그렇지만 그의 얼굴은 언제나 변함없이 밝고 환하다. 보통 사람이 아니고 영화 속 인조인간 터미네이터 같다는 생각이 든다. 주를 바라보고 십자가를 향하여 로마로 향하는 사도 바울의 모습을 상상해 본다.

날라리

포도밭 한 장로님은 자기가 못 배운 것이 한이 되어 동생을 적극적으로 뒷바라지를 하였고 그래서 일본으로 유학을 보냈다. 그런 동생이 결혼하겠다며 한 아가씨를 데리고 왔다. 시골에 데리고 온 아가씨 용모와 차림새가 가관이었다. 초미니스커트에 빨갛게 머리를 물들인 모습이 제멋대로 행동하는 날라리 같았다. 그 당시만 해도 머리를 빨갛게 물들인 모습을 농촌에서는 보기 힘들었다. 장로님은 난감한 생각이 들었고 이해할 수도 없었었다.

그러나 유학까지 한 동생이 결혼하기로 마음먹고 데리고 왔을 때는 장로님이 모르는 이유가 있으리니 생각하고 결혼을 허락하였다. 나중에 안 일이지만 그의 부모는 시내에 모텔을 여러 채 그리고 많은 땅까지 소유한 대단한 부잣집 딸이었다. 그런 집에서 가난한 총각한테 결혼을 허락할 리 없었으나 형님이 포도 농사로 각종 매체를 통하여 각광받는 신지식인이라는 것을 알고는 결혼을 허락 받았다 한다. 그런데 불상을 집안에 모셔놓고 전담 스님까지 모시고 봉양하는 열정적인 불교 집안이었다.

생각하면 도저히 수용할 수 없는 결혼 상대였다. 그러나 시집온 제수씨는 신랑을 따라 교회에 발을 들여놓은 후 변하기 시작하였다. 그 제수씨를 통하여 구원의 역사가 시작된 것이다. 제수씨가 예수님을 영접하면서 적극적인 신앙생활로 주위를 놀라게 하며 신실한 성도로 변신했다. 주님을 영접한 후 모든 생활과 습관이 변하여 생각이나 행동이 모범적인 성도가 되어 교회의 예배와 행사에 빠지지 않고 앞장섰다.

먼저 친정 부모님을 개종시켜 예수님을 영접시켰고, 스님을 내보내고 불상을 철거시켜서 완전한 기독교 집안으로 탈바꿈한 것이다. 한번은 자기 오빠와 결혼하려는 아가씨가 부모님이 반대하여 결혼을 못할 형편에 이르자 제수씨를 찾아와 오빠와 결혼할 수 있도록 도와달라고 도움을 청하였다. 제수씨 말이 내 소원 한 가지만 들어주면 도와주겠다고 말하니 아가씨가 그 소원이 무엇인가 물었다. 그것은 바로 교회 나가는 것이라 답할 정도로 열정적인 주님의 제자로 변신한 것이다.

태어난 아들이 중학교 때 학교에서 돌아오면 무조건 성경을 1시간 읽은 후 공부를 시작하고, 학교에서 시험을 볼 때는 항상 기도하고 답안을 작성한다고 한다. 그렇게 믿음이 좋으며 성적은 전교 일등을 도맡았다. 그래서 학교에서 서울대학교 지원을 원하였으나 본인은 목회자를 꿈꾸고 총회 신학대학에 들어갔다. 재학 중 군목시험을 보았는데 수석으로 합격하여 국방부 소속이 되었고 성적이 좋아서 대학원까지 보내주게 되었는데 장학금 5백만 원도 받았다고 한다. 서울의 대형교회에서 이 아들을 욕심을 내어 스카우트 하여 자기 교회의 인재로 육성하려는 계획을 진행한다고 한다.

장로님이 처음 제수씨를 대할 때는 한심한 생각에 실망도 하였으나 이렇듯 하나님의 뜻과 섭리 속에 한 골수 불교 집안의 구원의 역사가 시작될지는 미처 깨닫지 못했다고 한다.

칙사

조선시대에는 대국인 중국에서 소국인 조선으로 사신이 오게 되면 왕과 신하가 그 사신의 마음을 얻으려고 온갖 정성을 들여서 대접을 하였다 한다.

포도 농사로 우리나라에서 독보적인 존재로 성공한 장로님은 자타가 공인하는 포도 박사로 이름을 날리게 되었고 중국의 간쑤성에서 초청을 받았다. 북경에서 비행기로 2시간을, 그리고 자동차로 7~8시간을 걸려 가는 길 요소요소마다 환영하는 플랜카드 100여 개를 달아서 장로님을 환대하였다.

식사 때마다 그 먼 북경의 호텔에서 음식을 날라 오는 것이었고 식사 자리에 으레 성의 시장이자 당 서기는 물론 그 밑에 기관장들이 모두 참여하는 것이다. 이렇게 체류하는 일주일 동안 온 성이 온통 장로님의 현장 지도와 강연과 만찬 일정에 포커스를 맞추는 대대적인 행사가 되었다. 시장과 기관장들 포도 재배와 관계된 분야의 단체와 그 분야의 많은 사람들이 모인 강연장에서 일어난 일이다.

사회주의 국가 중국에서 공식적인 자리에서, 그것도 공안과 치안 행정을 총괄하는 시장 앞에서 예수님 이야기를 한다는 것은 있을 수 없는 일이다. 그런데 장로님은 성령의 섭리로 자기가 체험한 하나님의 역사하시는 능력과 베풀어 주시는 은혜의 말씀을 전하려 했다. 통역하는 교민이 겁을 먹고 통역을 못하니 시장이 통역을 하라고 승낙을 하는 것이다. 그래서 자기가 체험한 살아계신 하나님의 섭리와 은사와 기적들을 말하고 예수를 믿으면 구원과 축복이 있다는 것을 선포하는 부흥회가 이루어진 것이다. 그것도 공산국가인 중국에서 시장이자 당 서기의 엄호 아래 예수를 전한 것이다.

공산당은 자기들의 목적이 있으면 불법도 잠시 눈감아 주는 습성이 있는 듯했다. 그리고 장로님을 회유했다. 자기네 성으로 이주하라는 것이다. 돈은 원하는 대로 주겠으니 포도의 영농기술을 지도해 달라는 것이다. 그러나 섬기는 교회와 눈이 불편한 부인이 있어서 승낙할 수 없었다.

가난하여 초등학교도 졸업하지 못한 암담한 청년이 하나님만 의지하고 온갖 정성과 기도로 예수님을 섬기다 보니 포도 박사 칙사로 중국 간쑤성마저 주름잡은 것이다. 장로님은 이렇게 왕 같은 칙사 대접을 받으면서 포도 재배 기술과 전도를 성공적으로 마친 후 온갖 선물 보따리를 들고 돌아올 수 있었다.

장로님의 포도농장 현장 답사를 하려고 이듬해 시장과 당 간부와 관계된 시찰단이 찾아 왔고 교회에서 파송한 중국 선교사가 시장을 비롯한 기관장들이 장로님 포도밭을 견학하러 온다는 소식을 접하고 중국에서 달려왔다. 시장과 기관장들과 안면을 익히면 선교에 큰 도움이 된다는 것을 알기 때문에 급거 귀국한 것이다. 이토록 살아 역사하는 하나님을 섬기며 오늘도 현장을 견학하려고 원근 각처에서 찾아오는 방문객과 전화 상담과 현장학습 오는 대학생들의 줄이 이어진다. 장로님은 오늘도 강연과 현지 지도를 위하여 전국을 누비며 시무장로로 교회를 섬기고 있다.

행복한 포도밭 사나이

신앙생활을 열심히 하면서 포도밭을 가꾸는 초등학교마저 중퇴한 젊은 성도가 있었다. 젊은이는 초등학교 5학년 때 학교를 중퇴하고 집안이 가난하여 돈을 벌기 위하여 전국을 떠돌아다니다가 집에 돌아와 남의 땅을 빌려서 농사를 시작하였다. 어릴 적에는 교회에 잘 다녔으나 집을 떠나고부터는 신앙생활을 제대로 못하다가 집으로 돌아온 후로는 다시 교회에 나가기 시작하였다.

채소를 가꾸려면 물이 필요하여 양수기 파이프를 박고 발동기를 돌려도 물이 나오지 않아서 기도를 하였다. 기도를 하면 물이 퀄퀄 나오는 환상이 보였으나 실제로는 물이 나오지 않는다. 그래도 기도를 쉬지 않았다. 이런 모습을 보는 주위에서는 예수를 믿어도 저런 사람처럼 믿으면 사람 버린다며 믿어도 정도껏 믿어야지 하는 꼴 좀 보라고 손가락질하면서 수군거렸다. 이렇게 외면당하면서 아무리 양수기를 돌려도 물은 보이지 않았고 기도를 하거나 눈을 감으면 양수기에서 물이 힘차게 쏟아지는 환상을 보여주신다.

이것이 어찌된 일인가 환상을 자세히 살펴보니 돌아가는 발동기 바퀴가 매우 크다는 것을 알게 되었다. 나무를 잘라서 벨트가 돌아가는 바퀴를 크게 만들어 원동기를 돌리니 물이 폭포수 같이 쏟아져 나왔다. 바퀴가 작아서 동력이 떨어져 물이 나오지 않은 것이다. 청년은 하나님께서 함께하심을 다시 한 번 체험하였고 감사하는 마음으로 더욱 열심히 주님을 섬기게 되었다.

사촌의 권유로 시작한 포도 재배는 날마다 일취월장 발전에 발전을 거듭하였고, 소득도 날마다 늘어나면서 땅 한 평 없던 집사님은 한 평, 한 평 자기 소유의 땅을 마련하게 되었고 이제는 자동화된 비닐하우스 포도농장 5천 평을 소유한 것이다. 친환경 유기농으로 재배하는 포도는 강남의 롯데 · 현대 · 신세계 백화점에서 높은 가격에 독점으로 수매해 가는데 없어서 못 판다는 소문이 소문을 낳았다. 신문과 TV에서 인터뷰와 강연 요청이 쇄도하고 현장을 답사하려는 단체나 개인이 전국 각처에 줄을 이어 몰려오고 날마다 명성도 농사도 날개를 달았다.

너무도 가난하여 초등학교마저 중퇴한 사람이 의지할 곳은 하나님밖에 없었고, 하나님께서는 온 정성 다하여 새벽마다 교회 나가서 무릎을 꿇는 젊은이를 기억하신 것이다. 처절한 가난뱅이 젊은이는 5천 평의 비닐하우스 자동화된 포도밭의 사장님이 되었고 군의 포도기술 회장님이 되었다.

농촌진흥청 초청강사로 농업기술 면에서는 누구보다도 박사인 기라성 같은 직원들 앞에서 강연을 하는 강사가 되었다. 농업대학 강사로 학생을 가르치고 현장학습 오는 학생들을 지도하는 검증된 교수다. 전국 각처의 포도농사 단위마을 30~40 가구를 한 팀으로 묶어 계약을 맺어 영동, 안성, 영흥도 등 여러 마을을 찾아다니며 지도해주는 컨설턴트로 불철주야 바쁘다.

한번은 경북 지방에 포도농가 400가구를 엮어준다며 현장 지도 요청이 들어왔다. 한 가구 당 50만 원 받으면 2억의 소득이 보장되지만 연로한 부친이 너무 멀다고 반대하여 그만두기도 하였다. 바빠서 현장 지도를 못 받는 전국의 포도농가에서 문제가 생길 때마다 전화를 걸어와 자문을 구하는 등 명실상부한 포도농사의 대가이자 박사다. 제약회사에서 친환경 소독약과 영양제를 개발하면 찾아와 밥을 사주면서 써보시고 지도하는 포도농가에 소개를 시켜달라며 무상으로 보내오니 남에게 인심도 쓰면서 비용을 들이지 않고 농사를 짓는 셈이다.

이름이 없던 시절에는 개나 걸이나 청년이 지나가면 야야 함부로 부르며 야유하고 업신여기던 무리들이 있었다. 이렇게 신문과 TV에 수백 번 오르내리는 성공한 명사가 되니 그 사람들은 장로 앞에서 처신하기가 불편하여 슬슬 피하니 위상이 역전된 것이다. 무엇보다도 섬기던 교회가 날로 부흥하여 농촌에는 대형 교회가 되었건만 장로님은 수년째 재정부장을 도맡아 섬기고 있다.

감동

우리 담임 목사님은 남다른 달란트가 많으시다. 목회의 초임지인 봉동 중앙교회에서 11년째 하루도 빼놓지 않으시고 사택이 아니고 교회 목양실에서 주무신다. 잠이 깨시는 대로 1시고 2시고 강단으로 내려오셔서 기도하시다 5시부터 새벽 기도를 인도하시는 것이다. 그리고 시와 때를 안 가리고 발생하는 환자와 상을 당하는 가정에 단거리, 원거리를 따지지 않고 달려가시는 것이 원칙이시다. 이렇듯 성도들의 심방과 병문안 애경사를 모두 손수 챙기신다. 천여 명의 성도로 부흥한 교회이고 보니 쉴 시간이 없는 것이다.

말씀 내용이 다 성경을 수없이 읽은 사람도 모르고 지나치는 숨은 뜻을 족집게처럼 끄집어내고 해부하니 고개를 끄덕이고 숙일 수밖에 없는 것이다.

그리고 캐나다 한인교회 목사님이 있다. 현재는 5천여 명의 한인 교회라고 한다. 개척한 지 3년 만에 캐나다에서 제일 큰 한인교회로 성장했다 하는데 알고 보니 그럴만한 이유가 있다. 그렇게 큰 교회이고 보니 부사역자들이 많을 수밖에 없다. 이 목사님은 한 부목사님이 자녀가 많아서 부양가족이 많다고 사례비를 담임 목사님보다 더 많이 책정하였다 한다. 부목사님 사례비는 담임 목사님의 절반이나 삼분의 일 정도가 상식이건만 이렇듯 말이 쉽지 행하기란 어려운 일일 것이다. 올해 56세인데, 앞으로 60세가 되는 4년 후에는 은퇴하시고 그 큰 교회를 양성하는 후배 목사님에게 넘겨주고 선교지에 나가신다고 공표하셨다 한다.

한 분은 부천의 목사님이다. 목회를 시작하면서 하나님 앞에 기도하고 지키기로 결심한 조건이 있었다 한다. 무슨 일이 있어도 성도들의 헌금 액수를 보지 않는 것이다. 헌금 액수를 보고 사람을 판단할 것이 두려워서 그런 원칙을 세웠다 한다. 그것도 하루 이틀이지 교회가 급하게 성장하고 대형교회로 우뚝 섰는데 누구누구는 어떤 능력일까 궁금한 유혹을 떨쳐버리기란 쉬운 일이 아니다.

동양의 성자로 추앙받던 목사님은 갈비탕 한 그릇 3500원 하던 시절, 평생에 갈비탕 한 그릇 값 이상 되는 식사를 절대로 허용하지 않으셨다는 일화가 있다.

1970~1980년대 이야기이지만 목사님들의 입에서 나오는 말이 목사님은 하나님의 전권대사이니 누구보다 최고의 대접과 문화를 누려야 한다고 말씀하시는 것을 가끔 들었었다.

여러 해 전의 일이다. 어떤 목사님이 잘 차려입은 양복에 어느 날은 에쿠스를 타고 어느 날은 체어맨을 몰고 와서 속으로 대단한 교회의 목사님이라고 생각했다. 어느 날 그 교회를 가보게 되었다. 그러나 상가 2층에 자그마한 교회였다. 내 생각엔 소나타도 벅찰 형편 같았다.

물론 나의 생각과는 달리 모르는 사연이 있을 수도 있다. 그러나 고급차를 번갈아 타셨다. 그러나 그렇게 고급 대형 승용차를 2대씩이나 몰고 다니면 성도들은 무슨 생각을 할까?

이웃의 한 교회는 부목사님으로 계시던 분이 담임 목사로 취임 후 자랑과 칭찬으로 침이 마른다. 사례비 이외는 무조건 통째로 교회에 내어 놓는다고 말한다. 이렇듯 감동을 받으면 성도들은 자연스럽게 모여들게 되나 보다.

엘리야

400여 명의 교세에서 5층짜리 교육관 중단과 15억 부채로 모두가 외면하고 전도사마저도 사역을 기피하며 신도도 백여 명으로 줄어 메마른 갈등만 남은 교회였다.

담임 목사 첫 부임지로 이곳을 결정하자 목사님을 아시는 분들은 입을 모아 그렇게 시끄럽고 다 망하여 부도난 교회를 갈 곳이 없어 가느냐고, 가지 말라고 만류했었다고 한다. 목사님은 하나님의 급히 귀국하라는 음성을 듣고 영국 유학 중 완성 단계의 박사 논문을 포기하고 귀국하셨다 한다. 목사님을 후원하시던 권사님이 교회를 지어주시겠다는 제의도 마다하시며 기도하신 뒤 결정한 교회인지라 흔들리지 않고 오신 것이다. 밤엔 무릎 꿇어 부르짖고 날이 밝으면 사모님과 전도로 거리를 누볐고 틈만 나면 기도하고 성도가 아프거나 어려운 일을 당하면 원근 각처를 따지지 않고 제일 먼저 달려가시니 한랭전선이 온난전선으로 변하기 시작하였다.

자리가 빈 현대자동차 신우회 예배를 인도하게 되었고 목사님 말씀을 접한 젊은 성도들이 다투어 본 교회로 달려오고 성도가 불어나기 시작했다. 부임한 지 두 달 만에 연말이 되어 당회에서 예산 5천만 원을 세우고 교회 헌금 내역과 형편을 말하며 이 예산도 결산되리라는 보장이 없다는 설명을 들었다. 부채의 이자도 감당 못할 예산을 보시고 목사님이 2억 5천으로 하시라고 수정하여 말씀하시니 장로님들은 속으로 5천만 원도 벅찬 액수라고 황당하여 말을 잃었다. 어느 한 분은 입속말로 젊은 분이 정신이 나갔어, 했다고 한다. 그러나 다음해 예산을 초과하여 결산을 하게 된 이후엔 장로님들이 무조건 예로 순종하게 되었다 한다.

사택에서 주무시지도 않으시고 목양실에서 주무시다 1시나 3시나 잠이 깨시는 대로 강단으로 내려와 기도하시다가 언제나 정장차림으로 5시에 새벽 기도를 인도하신다. 이렇게 십 년을 하루같이 변함없으시다. 지금이야 현대식 65억 건물이지만 십 년 전 추위와 더위를 피할 길 없는 퀴퀴한 창고에서 비닐과 스티로폼으로 몸을 의지하셨다 한다.

목사님 설교는 유명한 목사님들의 설교와는 차원이 다르다. 말씀 속 구절마다 의미를 부여하여 숨은 뜻을 파헤치는 목사님의 말씀은 강해설교다. 누구나 이해할 수 있는 내용은 덮어두고 모르고 넘어가는 부분을 파헤치는 심오한 말씀이다. 새벽 기도마저 지루하게 이어지는 강해설교로 주일설교는 2015년부터 시작한 창세기가 아직도 20장 째다. 삼 년은 지나야 끝이 날 듯하다. 부임부터 지금까지 시종일관 그러하시다 한다. 그런데도 식상해 하는 성도나 불평하는 성도가 없으며 처음 온 성도라도 말씀을 접한 사람은 거의가 자진하여 등록한다.

그러다 온 성도의 열망인 새 성전 건축을 재원원의 아무런 대책도 없이 시작하기로 하였다. 하나님 말씀과 기도의 응답만 의지하고 일사불란하게 따라주는 당회와 성도들이 기도로 50억짜리 성전 건축을 실행하였다. 시골에서 그 큰 역사를 시작하신 목사님이나 무조건 예로 순종하며 따르는 장로님들, 목사님 말씀이라면 찰떡처럼 믿고 의심이나 잡음 없이 따르는 성도들의 믿음이 자산인 셈이다.

이렇게 똘똘 뭉친 믿음 하나로 일 년 만에 시골에서 17억 부채 속에 65억 공사의 대역사를 이룬 것이다. 특이하게 한 번도 건축 헌금 독려가 없었다. 기도만 독려하고 건축 헌금 명단이나 액수를 밝히지 않은 채 완공하고 입당 예배를 드린 것이다. 입당 예배를 드린 후에야 개인 명단을 제외한 입출금 내역만 공표했다. 그러니 부담 없이 신앙생활을 할 수 있었다.

올바른 정신을 가진 사람은 꿈도 못 꿀 역사를 목사님은 하나님을 바라는 믿음 하나로 시작하고 완공한 것이다. 이것으로 만족하지 않고 내일의 세대를 위하여 터를 닦으시는 목사님은 분명히 작은 엘리야이시다. 입당 예배를 드린 후 당회에서 건축하느라 너무 힘드셨으니 그간 사용하지 않으신 안식년을 미국에서 개인 볼일도 보시라고 4개월 일정으로 휴가를 보내드렸다.

그러나 목사님께 감당 못할 질병이 발병하여 비행기 타기조차 어려울 정도로 면역력이 제로 상태의 몸이 되셨다. 그런데도 상식을 뛰어넘는 기적으로 무사히 귀국하여 2~3개월 병원에서 가료하신 후 강단에 서신 것이다. 장로님들이 마련한 고급 휴양처를 뿌리치고 끝까지 죽음을 무릅쓰고 강단을 지키셨다.

교회는 날로 부흥하여 예배드리는 성인만 팔백여 명, 주일학교와 청

대부는 사오백여 명이다. 3시 30분 오후 예배는 사백여 명이며 오십여 명의 중고등부 성가대가 찬양하는데 한창 뛰놀아야 할 어린 학생들이 그 시간까지 남아서 헌신한다. 은혜로운 강해 말씀은 원근 각처에서 매일 새벽 이백여 명의 성도가 몰려오고, 특별 새벽 기도 땐 사백여 명 이상 운집한다. 이렇게 어린이가 많으니 어린이집과 노인 대학을 개설하자고 건의를 하면은 작은 교회에서 개설한 어린이집과 노인대학을 우리는 할 수 없다고 말씀하신다. 모두가 우리한테 몰려올 것이 분명한데 어떻게 우리가 개설할 수 있느냐는 말씀이시다.

지역 사회나 노회에서 앞에 나서는 것을 절대 고사하시면서 재정은 앞장서서 후원하신다. 6명의 해외 선교사를 직접 파송하고 18명의 선교사와 교회 스물다섯 군데와 밀알심장선교를 후원한다.

우리 교회의 선교 후원금은 교역자들의 전체 사례비를 훨씬 능가하는데 부채를 상환하고는 구제와 선교를 중점적으로 챙기시겠다고 말씀하신다. 날마다 찾아오는 작은 교회의 어려운 사역자와 선교사들을 자기 주머니를 털어서까지 빈손으로 보내지 않으신다.

지금까지 십 년은 흩어진 성도를 다시 모아 새 성전을 건축하고, 앞으로 십 년은 백 년을 이끌어갈 인재를 양성하고, 그다음 십 년은 완전 선교체제로 전환하시겠다는 것이다. 목사님께서 70세 은퇴까지 세우신 목표다. 그래서 나는 목사님을 작은 엘리야라고 부르고 싶다.

호박씨

오래 전, 내 몸이 뇌경색으로 부자연스러울 때의 일이다. 우리 구역에 80대의 어르신 내외가 바로 옆 동에 사시는데 젊은 날 자기의 화려한 경력을 자랑하며 천하의 신사처럼 깔끔한 차림으로 살아가시는 분과 얽힌 이야기다.

어르신은 Y대 출신으로 전 대통령과 함께 찍은 사진을 보여 주며 사회에서 활약상을 말끝마다 끄집어내어 자랑을 하시는 분이다. 할머니 집사님은 대단한 부자로 시집올 때 가정부를 데리고 바리바리 싸왔다고 말하며 동남아 골프모임 원정까지 다녔다고 자랑이 끝이 없으신 분이었다. 딸은 S대 교수, 사위도 K대 교수이고 딸과 사위와 자녀 모두가 박사라며 자랑을 낙으로 살아가시는 분 같았다. 목사님 내외분이 언제나 깍듯이 예우하고 충성하는 한 중진 내외가 어르신 자녀와 동문이라고 아버님, 어머님 정이 넘치게 섬기니 더욱 그러하시는 것 같다.

우리 구역은 노인들이 대부분이라 이러저러한 핑계로 모일 수가 없어서 무조건 토요일 오전에 우리 집에서 모이자고 설득하여 예배를 드리게 되었다. 나는 새벽부터 큰 시장에 나가서 떡을 사 오고 노인들이 이해하시기 쉽도록 말씀을 전하려고 노력하면서 찬송도 누구라도 함께 부를 수 있는 곡을 선정하곤 했었다.

때로는 내 주머니를 털어서 노인들을 영화관이나 국립묘지며 남산타워, 경복궁, 재래시장으로 모시고 이것저것을 사 드렸다. 극진히 모시는 내 모습에 감동을 받아 예배와 모임이 활성화되었고 그분들도 허물없이 한 가족처럼 다가왔고 내 칭찬은 분에 넘칠 정도로 끊일 줄 몰랐다.

그렇게 지내던 어느 날 할머니께서 예쁜 유리 냄비에 삼계탕을 끓여 가지고 왔다. 나를 생각하고 가져왔다고 한다. 나는 우리 집 그릇처럼 열처리된 냄비인 줄 알고 가스렌지에 얹고 가열하는데 퍽 소리와 함께 냄비가 터져서 물바다를 만들었다. 고마운 마음을 그릇까지 깨뜨려 보답한 셈이 되었고 어찌할 바 모르고 안타까워했으나 이미 엎질러진 물이었다.

어느 날 어르신께서 보훈청에서 추석 선물로 십여만 원 상당의 쌀가마를 받았다고 자랑하고 다닌다 하여 물어보았더니, 시장으로부터 설과 추석에 선물이 온다고 말한다. 그분은 달랑 무공수훈 국가유공자다.

나는 상이, 무공, 참전 이렇게 공이 많고 생활도 그분보다 나을 게 없는데 이해가 되지 않아서 보훈청에 달려갔다. 보상과장의 말인즉 시장이 명절 때마다 대상자를 추천받아 선물하는데 그분은 생활 등급이 부합되어 추천한 것이라 말한다. 나는 그분보다 공이 많고, 그분은 자녀들이 학 · 박사가 수두룩한데 내가 대상이 못되는 이유를 따지며 일부러 나를 부각시키며 과장되게 항의했다.

그리고 체념하고 잊고 있었는데 그분이 나를 대하는 낯빛이 싸늘하다. 가슴이 철렁 내려앉아서 속으로 큰일났구나, 이 일을 어찌 수습해야 할지 앞이 캄캄했다. 나는 분명히 그분이 받는 것을 반대하는 것은 아니다, 피해당하는 것을 원하지 않는다고 강조하였고 다음부터 나도 선정해 달라고 말한 것이다.

그러나 내가 말하는 것이 심기를 건드린 꼴이 되어서 그 과장이 직접 그분한테 전화를 걸어 입을 조심하라며 그렇지 않으면 앞으로 대상에서 제외시킨다며 엄포를 놓은 것이었다.

나는 그분께 손이 발이 되도록 여러 번 빌고 빌었다. 용서해 주시라고 본질은 그것이 아니었다고. 그러나 그분의 노여움과 실망을 되돌릴 수는 없었다. 보훈청에 달려가 민원을 본인한테 알리는 법이 어데 있느냐, 그분한테 피해가 되지 않게 하라고 부탁까지 하였는데 이럴 수 있는 것이냐 따졌다. 과장은 이름을 밝히지 않았다고 구차한 변명을 하는 것이었다. 나는 그 과장을 요절내고 싶은 생각이 굴뚝같았으나 더 이상 보훈지청에 가지 않았다.

그 후 그 어른과 부딪치게 되면 그분의 얼굴색이 변하며 굳어지는 것을 느꼈다. 이렇게 다가서지도 멀리하지도 못하는 딱한 처지가 되었고 그 안에 노력한 정성이 마치 호박씨 까서 한입에 털어 넣은 꼴이 되고 말았다. 그분이 생각날 때마다 영원한 죄인이 되었고 10여 년이 지난 지금까지 새벽마다 그분을 위하여 기도할 뿐이다.

달란트

교회에 와 보니 목사님 말씀은 꿀송이 같고 성도 수는 시골의 대형 교회 수준인데 성가대 찬양은 어디인가 짜임새가 없이 매끄럽지 못하고 엉성하다는 느낌이 들었다. 지휘자들 모두가 전문가가 아니고 음악에 재능을 가진 집사님들이 봉사하는 것이다.

내가 친분이 두터운 안수집사님한테 전문 지휘자들을 영입하면 성가대가 180도 달라질 것이라 말하니 그 집사님은 지휘자 모두가 음악을 하시는 유능한 분들이라 말하는 것이다. 해를 넘기고 직업으로 음악을 전공한 집사님을 초빙하여 지휘자로 세웠다. 한 달이 지나고 두 달이 지나니 목소리가 달라지기 시작하였다. 일 년이 가까워 오니 어디다 내어놓아도 손색이 없을 정도가 되었다. 그러나 자기 목소리를 나타내려는 듯 간혹 툭툭 튀어나오는 목소리가 들리기도 했었다.

1년이 지나자 화음이 참기름 바른 듯 매끄럽게 조화를 이루는 전문 합창단이 되어서 매주 감동을 주는 찬양이 되었다. 어느 집사님은 내 말에 동의하기보다는 자기가 참여하는 성가대를 자랑하기 바쁘다. 우리 성가대 찬양을 들어보라고, 얼마나 잘 하는지 아느냐 반문한다. 팔이 안쪽으로 굽어서 그러는지 모른다. 그렇다고 내 귀가 FM은 아니다.

요즈음은 모두가 전문 성악가로 이루어진 찬양대 같다. 원석을 뛰어난 세공 기술자가 정성 들여 다듬은 보석처럼 빛난다. 이제는 지휘자가 1~2주 빠져도 흠이 보이지 않을 수준이다.

이렇듯 지도자의 능력이 얼마나 중요한가를 새삼 느낀다. 하위권을 맴돌던 한국 축구가 히딩크 감독을 만나서 똑같은 선수를 가지고 세계 4강이라는 신화를 이루지 않았는가. 부채만 15억에 1백여 명의 모래알 같은 성도들을 이끌고 십 년 만에 65억 대성전의 1천여 명의 성도를 가진 부러움과 선망의 교회로 우뚝 세우신 담임 목사님도 그렇다.

목사님의 달란트는 누구한테도 들어보지 못한 강해설교로 해박한 진리의 말씀이다. 나도 누구 못지않게 성경을 읽었다고 자부하는 사람인데 목사님의 말씀을 접할 때면 고양이 앞의 쥐처럼 움츠리며 두 귀를 토끼처럼 쫑긋 세운다.

제자를 양성하는 행정력도 뛰어나다. 구역 리더 모임, 사역자반 제자 훈련, 성경 공부반, 새가족 빌립전도. 이렇듯 숨 쉴 짬도 없이 이어지는 타이트한 모임과 교육이다. 잠을 2~3시간 주무시는 것도, 밤중부터 강대상에 내려오셔 밤을 새우며 기도하시는 것도 받은 달란트인 것이다. 당회원들이 한결같이 No를 모르고 Yes로 대답하는 이 모든 능력이 하나님부터 받은 특별한 선물인 것이다.

이웃

문우 중에 입담이 야한 학우가 있다. 짬과 공간만 생기면 담배를 입에 무는 50대의 사나이다. 브랜드를 알 수 없는 가느다란 담배를 불만 붙이다 버리는데 습관적인 것 같다. 말을 걸어보면 매우 공손하고 자상한 답변을 한다. 마치 뱃속 같다고 느낀다.

술을 유독 즐겨 하는데 쫑파티나 이런저런 모임이나 문학기행 때마다 자기네 집 냉장고에서 꺼내왔다는 이름 모를 여러 종류의 전통주와 많은 안주류를 아이스박스에 가득 준비해 온다. 자기 것을 아낄 줄 모르고 친구 대접하기를 즐기며 이웃을 배려할 줄 알아 친절과 섬김이 배여 있는 사람 같다. 입이 거칠고 야하여 세상의 난봉꾼처럼 보이지만 가슴이 따뜻한 사람이어서 학우들 모두가 좋아하는 친구다.

아들이 골든 벨 최후의 일인으로 남아서 실력을 인정받은 적이 있었는데 카톡으로 생중계하듯 학우들이 응원하며 힘을 보탠 적이 있었다. 부인에 대하여 별다른 이야기는 없었지만 이런저런 대화 속에 풍기는 뉘앙스로 보아 매우 자상하고 지적인 사람 같다.

작품을 토론할 때 가끔 입버릇처럼 할렐루야를 한다든가 하나님의 말씀을 일부러 비아냥거려 눈살을 찌푸리게 하지만 본심은 그것이 아닌 것 같다. 남모르게 받은 아픔이나 비위를 상하게 상처를 주는 사람이 있었던 것 같고 기독교 집안에서 자란 것 같다. 성경 지식에 대해서도 웬만한 성도들은 알지 못하는 지식을 가진 사람 같다.

그 친구는 에쿠스를 모는데 어느 날 보니 뒤 범퍼가 깨어져 있다. 말인즉 어느 날 술집에서 술을 마시고 있는데 전화가 걸려왔다 한다. 전화를 받자 자동차를 박았는데 나와 보시라는 당황한 목소리가 들려왔다.

나가 보니 주차되어 있는 자기 차를 받았다고 어느 중년이 죄송하다며 허리를 굽실거렸다. 살펴보니 뒤 범퍼가 조금 깨어져 있었다. 이 친구 하는 말이 가해자에게 뒤 범퍼는 받으라고 있는 것이라고 말하며 왜 이리 소란을 피우느냐, 술맛 달아났다 됐으니 돌아가시라고 말했다 한다. 가해자는 어찌할 줄 모르고 연신 수리해주겠다고 말하는 것을 그냥 돌려보낸 후 제자리로 돌아와 마시던 잔을 다시 들었다 한다.

그리고 깨어진 흠집 그대로 차를 몰고 다니는 것이다. 나 같으면 수십만 원 하는 수리비를 보험 처리하였을 것이다. 나는 예전에 그렇게 뒤 범퍼의 경미한 흠집도 보상을 받아서 수리를 하였고, 그 당시는 현금으로 주고받는 일이 많아서 수리비를 챙기고 그대로 몰고 다닌 적도 있었다.

언제나 말만 번지르르한 성도들이 있다. 챙길 것은 다 챙기고 절대로 손해 보지 않으려는 사람들, 오늘날 우리들의 모습이다. 입은 거칠어도 행동으로 자기가 손해 보면서 이웃을 배려하는 이 사람이야말로 선한 이웃일 거다.

천사

천사라는 애칭을 가진 성도가 있다. 여자도 아니고 60대 중반을 넘은 안수집사님이다.

지금부터 27년 전, 형제 같은 친구의 부인이 나보고 시동생이 병들어 기도원에 있으니 같이 가 보자고 소식을 전해왔다. 친구 부인은 기도원에 혼자 가기가 어색한 와중에 나를 떠올렸나 보다. 나는 선뜻 그러자 했다. 기도원에 가 보니 친구의 동생은 병든 몸을 이끌고 주님에게 한 가닥 소망을 두고 주님의 은혜를 간구하고 있었고 그 뒤에 그가 어찌 되었는지는 잊고 있었다.

어느 날 후배 친구한테서 전화가 왔는데, 그 친구 동생이 교회를 신축하고 있다는 것이다. 목사님이 성도들과 불화를 일으켜 교회가 사분오열 되는데 자기주장을 굽히지 않는 목사님이 잘못된 길로 가고 있다고 판단한 집사님은 교회를 나올 수밖에 없었다. 집사님은 바르게 신앙생활을 하고 싶어서 혼자의 힘으로 성전 건축을 시작한 것이다.

그렇게 2년여 동안 방황하다가 목사님이 새로 부임하여 모래알처럼 흩어진 성도를 다시 모아 뜨거운 성령의 불길로 하나됨을 보고 다시 돌아왔다 한다.

친구 동생의 집안은 유전되어 내려오는 질병으로 부친과 큰형님도 40대 때, 사촌형님과 두 누나들도 일찍 돌아가셨다. 친구 동생도 39세의 나이에 간이 나빠져서 소망이 없었으나 예수님을 만나서 몸도 영혼도 구원받은 것이다. 본인 말에 의하면 27년을 덤으로 살고 있다고 한다.

지금도 위험한 상태로 치료를 받고 있지만 받은 은혜만으로도 족하다고 한다. 사도 바울의 고백처럼 말하며 몸의 질병이 예수님과 자신을 얽어매고 있는 끈이라고 말한다. 완전히 치유된다면 좋겠지만 예수님만 바라볼 수 있어 더욱 감사하다고 말하는 것이다. 시한폭탄 같은 몸을 주님께 맡기고 딸기 농사를 짓고, 한우를 기르며 틈만 생기면 공사판에 나가서 벽돌을 쌓는다. 딸기를 수확하게 되는 날 먼저 목사님을 섬기고 사역자와 구역시구를 챙긴다.

혼자서 딸기를 가꾸며 때맞추어 수확하여 농협에 가져다주고 소 키우랴 건축 일 하랴 몸이 열이라도 감당하기 힘든 몸이다. 교회 와서 앉으면 본인도 모르게 고개가 숙여지고 눈이 감겨도 게으름 피우는 일이 없다. 이러한 집사님을 두고 교회의 몇몇 어른들은 천사라고 부른다.

고향 마을과 전도 팀, 교회의 나이 많은 선배들을 섬기기에 수입은 뒷전이다. 자기 손길을 필요로 하는 교우들을 위하여 짬을 내어 봉사도 하면서 새벽 예배를 비롯한 각종 예배를 모두 참석하고 성가대와 구역을 남전도회를 이끌고 참여한다.

남전도 식사 모임 때는 언제나 초청되며 개인적인 식사 모임도 초대받는 집사님이다. 교회와 밖에서 누구를 막론하고 칭찬하는 말뿐이다. 나쁘다 말하는 사람을 본 일이 없다.

집사님의 대표 기도 목소리는 솜사탕 같다. 나이 든 남자의 목소리가 아니다. 정겨움이 송송 묻어나는 꿀송이 같은 어린아이 목소리 그 자체만으로 은혜가 되고, 하나님 앞에 기도하는 목소리는 가슴속 깊은 곳에서 울려 퍼지는 맑고 고운 영혼의 찬양이다.

겁보

안개가 자욱이 깔리는 아침, 일찍 벼가 자라는 논을 일개 중대의 병력 2백여 명의 병사가 일렬로 포위하며 조여 가고 있었다. 베트콩이 은거한다는 첩보를 받고 수색 작전을 펴 나가고 있는 것이다. 마을 진입을 120여 미터쯤 남겨 놓은 시점에서 갑자기 따다당 총소리가 고막을 때리며 앞과 옆에 어지럽게 물줄기가 솟구친다. 총소리와 동시에 모두가 물논에 일제히 엎드렸고 곧이어 공격, 앞으로 명령이 떨어졌다.

순간 머리를 스치는 생각이 있었다. 이대로 엎드린 채 나중에 일어날까. 그렇다면 겁보라고 낙인이 찍혀 웃음거리가 되겠다 싶어서 벌떡 일어섰다. 그리고 두서너 발의 방아쇠를 당기면서 서너 발짝을 내달아 엎드렸다.

최대한 전진을 더디게 해야겠다는 생각으로 총을 갈기고 두세 발을 내달으며 총을 쏘고 엎드리기를 반복했다. 총알이 만든 물줄기가 계속 앞과 옆에 어지럽게 솟구치고 총소리는 콩 볶듯 귀청을 달구어서 옆 전우의 행동을 확인할 여유도 없이 앞으로만 나가고 있었다.

낮은 자세에서 방아쇠를 당겨서 내 총부리에서 나가는 총알로 물방울이 튀는 것인지, 적의 총알로 물줄기가 솟는지 앞과 옆에 어지럽게 물이 솟아올랐으나 확인할 여유가 없었다. 대나무 숲으로 울타리를 이루는 마을이고 논이 끝나며 둔치가 있어서 둔치에 몸을 의지하고 소진한 5개의 빈 탄창에 총알을 장진하면서 뒤를 돌아보았다. 뜻밖에 생각지 못한 상황이 벌어지고 있었다.

내가 맨 꼴찌로 도착한 것으로 생각했으나 모든 전우들은 아직도 20~30미터 후방에 불규칙하게 횡대로 열을 이루며 진격 중이다. 모두가 엎드려 총을 쏘아댈 뿐 일어설 줄 모르며 진격을 더디 하고 있는 것이다. 중대 본부를 비롯한 온 병력이 뒤처져 공격하고 있었고 좌우로 옆을 보아도 아무도 없다. 그렇게 나 홀로 앞장서서 진격해 온 것이다.

4~5분 지나서야 성실한 박 일병이 헐레벌떡 도착하여 내 옆에 엎드리며 먼저 진격한 나를 보면서 놀라는 눈치다. 그리고 10여 분이 지나서야 본대 병력이 도착하기 시작했다. 나 혼자만이 두려운 것은 아니구나, 모두가 꼼수를 부리고 싶은 마음은 매한가지구나 그런 생각이 들었다. 이러한 나를 두고 지인들은 겁보라고 말한다.

나는 어려서부터 고소공포증이 있다. 젊은 날은 체력과 정신으로 그런대로 극복할 수 있었으나 오십대 후반부터는 그 정도가 심하다는 것을 스스로 느끼고 있다. 이번에 황산을 가면서 마음가짐을 굳게 먹었다. 무서워 할 것 없다고 다짐을 하였다. 사실 요즈음 건강이 좋아지고 있다고 느끼고 그렇게 되기를 희망하고 있었다.

▲ 중국 황산에서

2.8km 길이에 최대 100명이 탈 수 있다는 태평협곡 케이블카를 타고 황산에 오르는데 갑자기 하늘로 치솟고 밑으로 떨어지는 스릴에 간이 자꾸만 졸아들었다. 그렇게 오른 후에 케이블카에서 내리니 비바람과 안개가 지척을 분간 못하게 만들었다. 가파른 협곡 계단을 내려갔다 다시 올라와야 하는 코스 앞에서 젊은 가이드가 나보고 갈 수 있느냐 물었다. 나는 갈 수 있다 말했다. 20명 중 8명이 포기를 하였고, 나는 억지로 용기를 내어 팀에 합류하여 계단을 오르는데 비바람이 갈수록 강도를 더하여 돌아서고 말았다. 눈앞에 펼쳐지는 키 큰 소나무들이 비바람에 허리를 구부려 흔들거리는 것을 보면서 내려갈 일이 꿈만 같았다.

저렇게 거센 바람에 험하고 높은 케이블카는 온전할 수 있을지 그렇다고 혼자 걸어서 길도 없는 험한 계곡을 내려간다는 것은 더욱더 있을 수 없는 일이다. 이런저런 망상을 하였다. 날씨만 좋았어도 가는 데까지는 동행했을 것이다. 10여 분 후 11명의 선발대들도 뒤돌아오고 말았다. 계곡에 바람이 너무 세게 불어서 위험하여 돌아왔다는 것이다.

동양에서 제일 높다는 상해 동방타워 167미터 전망대에서 밑이 훤히 내려다보이는 투명한 유리를 밟는데 너무도 간이 떨려서 겨우 세

번 그 자리에 서서 사진을 찍었으나 안쪽으로 되돌아서고 말았다는 내 이야기를 들으며 하는 말이다. 나는 목숨을 담보로 하는 전쟁터에 자원을 한 용감한 사나이다. 고소공포증으로 스릴을 감당 못할 뿐이다. 다만 높은 곳을 두려워하는 작은 심장은 주신 분의 작품으로 스릴을 담을 수 있는 그릇이 없는 것은 나의 탓이 아니며 용기와는 무관한 것이다.

섭리

나는 노무현 대통령 시절, 대통령이 야심차게 건축했다는 의왕시 청계동 주공임대아파트에 살고 있었다. 동과 동 사이에 넓은 공간이 확보되고 화단과 주변 공원이 넓게 조성되어 키 큰 노송과 꽃들과 잔디밭이 잘 어우러지고 운동할 수 있는 시설들이 설치되어 있었다. 청계산 계곡에서 흐르는 실개천은 공들여 생태천으로 바꾸었고, 개천을 따라 조깅이나 산책할 수 있도록 인도가 조성되어 안양천까지 이어지는 멋진 마을이다. 뒤쪽은 푸르른 숲으로 공기가 맑은 청계산으로 이어져 온갖 산새들을 벗 삼으며 가볍게 등산이나 산책도 할 수 있었다. 그렇게 조화롭게 꾸며진 아파트라서 아파트 뉴스가 나올 땐 랜드 마크로 등장하곤 했다.

그렇게 환경이 좋은 마을에 살면서도 뇌경색 후유증으로 다리에 힘이 없고 머리는 항상 무겁고 어지러웠다. 그러던 어느 날 인덕원 옆 청계산 끝자락에 분양 아파트가 들어선다는 공고가 났고 나는 동사무소에 특별 분양 신청을 했다. 분양 신청은 청약 통장이 있어야 한다.

나는 분양을 받아 되팔아 프리미엄을 챙길 마음도 없었고, 몸도 좋지 않아서 마음을 비우고 임대 아파트에 살고 있었다. 그렇지만 시에서 장애인과 국가유공자에게 특별 분양의 제도가 있어서 그냥 해본 것이다. 그러나 당첨됐다고 통보가 와서 동사무소에 가서 물어보니 축하한다며 의왕에서 단 한 사람만이 선정됐다고 한다. 분양가가 3억 2천, 주변 아파트 시세는 6억 이상이어서 인기가 대단한 경쟁률이었다.

딸한테 이야기하니 돈을 책임질 테니 계약하라고 한다. 이것저것 끌어 모아 5천만 원을 가지고 계약을 하고 은행에서 대출받아 중도금을 냈다. 그런데 딸이 갑자기 형편이 어려워 계약금 5천만 원도 날아가게 되었다.

할 수 없이 계약금을 포기하자 마음을 정하고 있는데 옆 동 분양아파트에 꽤나 있는 척, 잘난 척하는 부인과 만나게 되었다. 부동산에 관련한 모든 지식을 통달한 척하는 부인이 나의 처지를 알고 식사 자리에서 자기 친구한테 혹 길이 있느냐 물어본다. 그 친구가 뜸을 들이니 그 부인이 나보고 옷을 한 벌 사 주라고 하는 것이다. 그러면 해결해줄 거라고, 지금 바로 옷가게로 가자고 한다. 그 친구도 빙긋거리며 고개를 끄떡끄떡 한다. 내가 그러지 말고 2천은 포기할 테니 3천만 받아달라고 했다. 5천을 날릴 마당에 3천이면 그게 어딘가 싶어서다.

그러니 그들이 딱 달라붙으며 알았다고 약속하는 것이냐 한다. 그래서 나는 알았다, 내일 보자하고 돌아왔다. 집에 와 그날 밤 곰곰이 생각하니 여기에 내가 모르는 길이 있다는 것을 알았다. 그렇다면 내가 직접 알아보리라 생각했다.

그다음 날, 주택공사에 들러서 알아보니 직원이 하는 말이 해외로

이민이나 건강상 생업과 직장 발령으로 타 시도로 이사하게 되는 사람은 분양권을 양도할 수 있다고 한다. 거기에 대한 서류를 요구하여 받아보니 이사하였을 때 전입신고서, 전기와 상하수도 고지서 등 위장 전입이 아니라고 확인할 수 있는 제반 서류들이 포함되어 있었다. 생각하기를 내가 꼭 의왕에서 살아야 할 필요가 없었다.

임대 아파트라 아무 때고 이사하면 보증금을 돌려받고, 연금으로 사는데 시골에 가서 사는 것도 좋을 것 같아서 이사하자 마음먹고 서류를 갖추기로 작정하였다. 마침 익산에 처조카네 아파트가 손자 혼자서 산다고 내려오라 하여 그 곳으로 전입신고를 하고 제반 서류를 모두 마련하여 주택공사에 제출하니 세무서에 확인서를 받아 오란다. 수원 주택공사에서 안양 세무서까지 다녀오니 팀장이 다른 것을 가져 오라고 한다. 내가 팀장한테 이 시간에 언제 안양까지 다녀오느냐 말하니 수원에 있는 세무서에 택시 타고 다녀오라고 한다. 나는 거주지 세무서에 가야 하는 줄 알고 있었다. 그 여자 팀장한테 택시비 2만 원만 빌려 달라고 하니 빌려주며 떼어먹지 말라고 한다. 나는 두 번째 걸음을 짜증 부리지 않고 다녀와서 제출하니 됐다며 결재가 나오려면 15일쯤 걸리니 다음에 올 때 2만 원 돌려달라고 한다.

그 이튿날 익산의 조카 집에 있는데 집전화로 팀장한테서 전화가 왔다. 위장 전입을 확인 차 한 것이다. 내 목소릴 확인하고 아주머니 바꾸어 달라 하여 이것저것 확인한다. 내가 옆에서 손짓과 글자로 알려주어서 무사히 넘겼다. 지체 없이 주소를 옮기고 집 전화도 가설했다. 성격상 정확히 처리하는 것이 몸에 배어서 모든 것이 가능했다. 하루 후 팀장한테서 전화가 왔다. 엊그제 고생하셔서 바로 결재하여 드렸으니 양도 허가증 받아가라고 한다.

나이 많은 내가 화내지 않았고 위장이 아니라는 것을 핸드폰이 아닌 집전화로 확인하여서 보름 걸릴 것을 삼일 만에 결재하여 준 것이다. 양도 허가증을 받아 가지고 부동산에 부탁한 지 며칠 후, 매수자가 나타나 5천만 원을 날리지도 않고 웃돈을 더 받았다. 생각해 보면 옆 동 지인을 만난 것도, 길이 있다는 것을 알 수 있는 지혜를 주신 것도, 서류를 작성하는 데도 한군데도 막힘이 없이 일사천리 순조롭게 풀리고 조카네 집까지 이 모든 게 하나님의 섭리고 은혜인 것이다.

서울보훈병원에서 뇌경색 치료를 받고 있었는데 하루 세 번 17알 정도 약을 먹고 있었다. 이곳 광주 신경과에선 이 쓸데없는 약 다 빼버리고 아침에 4알만 먹으라고 처방해준다. 처음엔 약의 양이 너무나 적고 그것도 하루 세 번이 아니고 아침에 한 번씩 먹으라니 겁이 나서 약 받아가지고 집에 와서 바로 서울보훈병원에 예약을 했다. 열흘쯤 지나고 나니 머리가 무겁거나 어지러움 증세가 사라지고 다리에 힘도 생기는 것 같고 몸의 상태가 호전된 것을 알았다.

그러고 보니 서울에선 과다한 약 처방으로 약물 부작용으로 내가 그렇게도 힘들었다는 것을 알게 되었다. 내가 고향으로 낙향한 이곳은 물 좋고 공기도 맑아 어릴 적 섬기던 교회에서 날마다 새벽 기도와 교우들과 고향 선후배들과 친교를 나누며 텃밭도 가꾸는 등 건강이 좋아지는 것을 느끼게 되었다.

어릴 적 좋아하던 시와 그림을 이 나이에 시작하여 시집도 내고 시인으로 수필가로 중앙문단에 등단하고 2015년 11월 21일에 〈세계문학상〉 본상을 받았다. 그리고 제13회 〈문학세계문학상〉 시조 부문 대상

▲ 2012년 지리산에서 아내와

으로 선정되었다고 통보를 받았다. 그리고 월간 『문학세계』와 계간 『시세계』, 『수필문학』 등에 계속하여 글이 실리고 있다.

이렇게 새벽마다 새벽 기도를 나가고, 시인으로 수필가로 글을 쓰며 문우들과 교제하면서 날마다 바쁘게 움직이는 이 모든 생활이 예전엔 감히 꿈도 못 꾸던 삶이다. 이렇듯 행복한 삶은 하나님께서 노후에 나에게 허락한 특별한 섭리와 선물이다.

시간과 공간을 넘어

우리 둘째 사위는 미국 뉴욕에 있는 대학교 미디어박사 종신 교수다. 믿음이 독실한 사람이어서 방학이나 학기말을 통하여 자주 단기 선교를 다녀온다고 한다. 어느 땐 가족과 함께, 형편이 허락지 않으면 혼자서 아프리카, 인도, 중국 등 삶의 질이 열악한 지역들을 다녀온다 한다.

작년에도 이곳 대학교에서 여름 특강을 한 달간 마치고 미국으로 돌아가기 전 빠듯한 십여 일을 쪼개어 한 주간 일정으로 늘 다녀오던 인도의 시골 마을로 단기 선교를 떠났다. 돌아올 무렵 전화가 왔는데 피부병에 걸렸다고 한다. 나는 마음이 아파서 마음이 동하는 기도를 하였다. 촌각을 쪼개는 바쁜 사람이 피부병으로 고생을 할 것이 안타까워서다. 여름방학 한 달간도 쉬지 않고 학생들을 가르치고 학생들 개인 성적을 작성하여 평가하기에 온밤을 꼬박 새워도 시간이 모자라는 형편이건만 하루도 쉬지 못하고 선교를 떠났다.

인천공항까지 차를 몰고 가기도 힘들다는 몸으로 선교를 떠났는데 몸이 피곤하여 면역력이 떨어져서 피부병이 발병한 것이다. 그렇게 몸을 돌보지도 못하면서 젊다는 것 하나로 몸을 혹사하듯 밀어붙이며 신앙생활을 하는 모습이 안타깝고 측은한 마음에 건강을 위하여 더욱 간절한 마음으로 기도하였다. 주일날 대예배 축도 시간에 다른 기도는 쉬면서 사위의 피부병을 치료해 주시라고 간절히 기도했다.

사위가 서울에 도착할 시간이 지나서 전화해 피부병은 어떠냐고 물어보았다. 대답이 싱거웠다. "다 나았습니다." 아니 힘들다고 말한 피부병이 어떻게 바로 나았느냐고 물어보았다. 대답인즉 치료도 없이 서울로 오는 비행기 안에서 피부병이 갑자기 사라졌다고 한다. 그래서 축도시간에 간절한 마음으로 하나님한테 기도하였다고 말하니 "아버님 기도 덕분에 나았나봅니다, 기도하신 그 시간이 비행기 타고 오는 그 시간이었습니다." 한다.

하나님의 섭리와 능력은 시간과 공간을 초월하여 역사하시는 것을 깨닫게 하신 것이다.

버스 노선

2011년 봉동 주공아파트 958세대 시골에서 대단지로 이사하고 보니, 당연히 봉동의 생활권인 모래내 시장과 대학병원으로 나누어 가야 할 버스 노선이 대학병원 쪽으로 편중되어 있다. 그것도 모두가 전주에서 외곽 여섯 곳으로 향하는 버스로 2~3시간에 한 번 꼴로 있을 뿐이고 고산이나 삼례 방향으로 다니는 버스는 없는 것이다. 외곽에서 대학병원을 거쳐 중앙시장과 남부시장을 거쳐 대다수 주민의 관심과는 무관한 평화동으로 오간다. 대다수 주민이 이용하는 외곽으로 연결되는 교통의 중심 고산이나 삼례는 빼놓고 교통의 중심을 비껴가는 오기로 편성한 노선 같았다.

주민들 대다수가 이용해야 할 병원들이 밀집되어 있는 모래내 시장을 거쳐 시청을 경유하는 20여 분에 한 대꼴인 535번이나 551번 버스를 타려면 15~20분을 걸어가서 타야 하는 형편이다. 아니면 40~50분을 기다려 타고 나가 중간에서 갈아타야 하는 불편을 감수해야 하는데도 누구 하나 앞장서서 해결을 못하고 불편한 생활을 하고 있었다.

주민들 말로는 지역 국회의원까지도 해결하여 준다고 약속했으나 입주한 지 5년이 되었건만 요원하다고 한다. 당연히 지자체나 교통기관에서 아파트 주민을 위하여 민원이 없어도 편성하고 배려해야 할 시내버스 노선을 외면하고 있는 것이다. 이런 모순을 해결하려고 완주군 홈페이지와 전주시 홈페이지에 수차례 불편과 부당함과 개선을 요구하는 글을 올리고 찾아가서 면담을 하는 등 동분서주하였다.

얼마 후 읍장, 완주군 교통과 전주시내버스 공동관리위원회 부장, 아파트 이장 이렇게 모여 읍사무소에서 회의를 하였다. 공동관리 부장이 자기가 5개 노선을 편성했다며 공적을 말하기에 내가 그런 행정은 자랑이 못되고 징계를 받을 행정이라고 질타했다. 부장이 시간 조절이나 다른 곳과 형평성 때문에 어렵다고 최종 결론을 말한다.

그런 와중에 완주군청이 개청을 하면서 버스 노선을 군청으로 변경하여 운행하는 것을 목격하고 따졌다. 권력 앞에는 아무런 이의 없이 변경하여 주는 것이 관리위원회의 생리냐 물었다. 할 말을 잃은 부장이 2012년 10월 3일 20분 간격으로 왕복 80회 운행하는 고산발 모래내 경유 전주대까지 운행하는 535번 시내버스를 돌리기로 결정하여서 알려왔다. 그것도 부장이 직원과 함께 나한테 노선 시간표를 가지고 찾아왔다. 그리고 읍장한테 알려주려고 읍사무소로 향하여 갔다.

이렇게 서민들이 거주하는 958세대 임대 아파트 주민들은 편리한 교통 문화를 누리게 되었다. 그러니 아파트 이장은 국회의원도 못하는 일을 해결하여 주었다 말하고, 읍장은 아파트 유공자라고 말을 한다.

수문장

모든 집에는 들어가는 문이 있다. 성에는 성문, 대궐에는 대궐문, 방에는 방문이 있다. 그러나 문이 열리지 않거나 막는 사람이 있으면 들어갈 수가 없다. 마지막 날엔 누구나가 소망하는 천국 문이 있다. 그런데 들어갈 문을 말하려는 것이 아니다. 입장을 총괄하는 수문장을 말하려 한다. 그것도 엄하고 충실해 수문장들로 혁혁한 공을 세우고 있는 지도자급의 열정적인 성도들의 경력을 말하려 한다.

내가 아는 한 지인은 자기는 예수님을 영접했으나 교회는 나가지 않는다고 한다. 자기 형수인 권사님 때문이라 한다. 너무 욕심이 많고 가족 모임에 협조를 하지 않으며 꼼수를 부리고 형님도 장로인데 돈에 대하여 너무나 욕심을 부려서 교회에 대한 인식이 좋지 않아 일부러 나가지 않는다 한다.

한 여사장은 자기 오빠가 부자 장로인데 작은오빠는 못사는 데도 돌아볼 생각은 안 하고 욕심만 부려서 장로가 그러니 내가 어찌 교회를 다닐 수 있겠느냐 반문한다.

한 회원은 어려서부터 바로 위의 공부 잘하는 오빠가 용돈을 빼앗아 가며 폭력을 휘두르는데 부모가 왜 그러느냐 하면 공부하라고 타일러도 듣지 않는다고 했다 한다. 부모님은 오빠 말 잘 들으라고 오히려 자기를 꾸짖었다. 그런 오빠가 신학을 하고 안수집사가 되고 장로를 바라본다고 한다. 오빠의 딸도 신학을 하고 전도사가 되어 강단에 서는데도, 오빠의 물질에 대한 욕심은 집요하며 더하면 더했지 변함이 없다고 한다.

어머니의 직업상 신앙과는 역행하는 행사를 할 때는 젊어서부터 어김없이 찾아와 상상할 수 없는 수입금을 모조리 챙긴다고 한다. 어머니는 당연히 큰아들 몫이라 인정하고 동생들을 어려서부터 그렇게 길들여온 것이다. 위계질서를 깨뜨릴 엄두를 못 내며 항의하는 날에는 무자비한 폭행을 감수해야 하는 것이다.

여동생이 아버지와 협력하여 집을 장만하였으나 아버지가 돌아가셔서 그 집을 팔게 되었는데, 그 오빠가 자기도 투자했다고 모두를 차지했다 한다. 언제 돈을 보태 주었느냐 항의하다 폭행을 당하여 병원에 며칠을 입원하였다. 어머니는 나이 들어 일을 못하고 큰아들 따라서 교회에 나가게 되었다. 그런 낯짝을 가진 오빠를 보면서 어떻게 예수님을 인정하고 교회를 나가겠느냐 항의한다.

광주의 대형교회의 수석 장로로 재정부장을 은퇴할 때까지 도맡았던 한 지인의 이야기다. 지인에게는 젊어서 돌아가신 형님의 아이인 의지할 곳 없는 벌거숭이 조카들이 있었다. 어떻게 살아가고 있는지 돌아볼 여력조차 없는 1980년대였다.

그 조카가 청년이 되어서 명절 때 장로를 찾아왔다. 그 장로 첫마디로 "야 이놈아, 어른한테 찾아오는 법도 없고 인사도 없었느냐. 싸가지 없는 놈."이라고 몰아붙였다고 한다.

얼마 전 연락이 두절된 채 살아온 사촌 동생을 수소문해 보니 암에 걸려 대학병원에서 수술을 앞두고 있는 것이다. 빈농의 시골에서 아버지가 일찍 돌아가시고 인지가 떨어지는 작은어머니 밑에서 외갓집을 넘나들며 고아처럼 살았단다. 배우지도 못하고 어렵게 부두의 막노동으로 살아오다 암에 걸린 것이다. 60대 후반의 불쌍한 동생을 병문안 가서 위로하고 전도하자고 말하니 "그 싸가지 없는 놈, 평생을 인사 한 번 없는 놈 무슨 병문안." 하더란다. 자기한테 잘하는 사람을 돌아보는 것은 누구라도 할 수 있는 것이다. 어려울 때 윗사람이 먼저 찾아가는 것이 도리가 아니겠느냐 변호하니 누구는 부자냐, 나도 가난하다고 말했다고 한다.

문학세계대표작가선 783

외딴 오두막

최정호 수필집

인쇄 1판 1쇄 2016년 10월 7일
발행 1판 1쇄 2016년 10월 15일

지 은 이 : 최정호
펴 낸 이 : 김천우
펴 낸 곳 : 도서출판 천우
등 록 : 1992. 2. 15. 제1-1307호
주 소 : 서울시 성동구 무학봉28길 6 금용빌딩 2F
전 화 : 02)2298-7661
팩 스 : 02)2298-7665
http://www.moonhaknet.com
E-mail : chunwo@hanmail.net

값 15,000원

ISBN 978-89-7954-641-5

이 도서의 국립중앙도서관 출판시도서목록(CIP)은 서지정보유통지원시스템(http://seoji.nl.go.kr)과 국가자료공동목록시스템(http://www.nl.go.kr/kolisent)에서 이용하실 수 있습니다. (CIP제어번호 : CIP2016023880)